高校教育教学研究与管理实践

李芳　蔡莎　郭甜梦　著

河北大学出版社
·保定·

高校教育教学研究与管理实践

出 版 人：刘相美
责任编辑：李丽华
装帧设计：杨艳霞
责任校对：蔡文涛
责任印制：常　凯

图书在版编目（CIP）数据

高校教育教学研究与管理实践 / 李芳，蔡莎，郭甜梦著. -- 保定：河北大学出版社，2024. 9. --ISBN 978-7-5666-2485-7

Ⅰ. G642.0；G640

中国国家版本馆 CIP 数据核字第 2024851R7Z 号

出版发行：河北大学出版社
　　地址：河北省保定市七一东路 2666 号　邮编：071000
　　电话：0312-5073019　0312-5073029
　　邮箱：hbdxcbs818@163.com　网址：www.hbdxcbs.com
印　　刷：涿州市般润文化传播有限公司
幅面尺寸：170 mm × 240 mm
印　　张：11.625
字　　数：156 千字
版　　次：2024 年 9 月第 1 版
印　　次：2024 年 9 月第 1 次印刷
书　　号：ISBN 978-7-5666-2485-7
定　　价：50.00 元

前　言

如今的高校教育教学管理正站在新的历史起点上寻求进一步革新。在这一时代背景下，高校应密切关注并认真分析社会发展环境，结合时代发展趋势制订相应的管理方案，以此适应社会发展出现的一系列新变化、新情况，使高校教育工作者能够抓住时代机遇，做好迎接各种挑战的准备。

教学管理工作的内容、形式相对比较复杂，对学生的知识学习、社会实践具有重要的辅助作用。因此，学校需要做好前期准备工作，关注对多种教育教学方式的有效改进及调整，促进教学管理与质量的稳步提升，明确教学典范，全面实现教育教学体制的改革及创新。这一点对学生的知识吸收具有重要的作用及影响。但是，在新的时代背景下，高校教育教学管理工作的难度明显加大，所面临的外部环境较为复杂。学校一方面需要关注教学质量监督体系的构建要求，另一方面需要站在学生的视角了解学生的身心成长规律，主动调整管理策略和管理方式，确保对症下药，跟上时代发展的步伐。

本书立足高校教育教学现状，首先对教育教学理论进行概述，之后分别对人本化教育模式、翻转课堂教学模式、混合式教学模式进行探讨，从而进一步引申出高校教育课程管理、高校课程考试与行政管理的内容，并且对高校教学管理变革与创新进行研究。

本书参考了许多相关研究成果和著作，在此对其作者致以诚挚的谢意。书中若有错漏之处，还请读者不吝指正。

目　　录

第一章　高校教育教学理论研究

第一节　我国高等教育的发展及性质转变

高等教育的发展历史可以追溯到中世纪的大学，后来不断发展、不断转型，形成了高等教育的三项职能，即培养专门人才、科学研究、服务社会。改革开放以来，我国高等教育事业获得长足发展，改革取得了令人瞩目的成绩，初步形成了适应国民经济建设和社会发展需要的多种层次、多种形式、学科门类基本齐全的社会主义高等教育体系，为社会主义现代化建设培养了大批高级专门人才，在国家经济建设、科技进步和社会发展中发挥了重要作用。

一、我国高等教育近代化的历史进程及进程中的模式转换

我国高等教育近代化的历史进程及进程中的模式转换大致可被分为三个时期。

第一个时期（1862—1894 年），甲午战争以前，中国近代高等教育处于酝酿时期。从 19 世纪 60 年代开始，出现了一批培养外语人才和军事技术人才的专门学校，它们不同于传统封建教育机构，不是培养能够成为各级封建官吏的“治才”，而是培养通晓各国语言和技术（特别是军事技术）的“艺才”。最典型的代表即 1862 年成立的京师同文馆和 1866 年创办的福

州船政学堂。至 1894 年前后，我国共创办此类学堂 30 多所。

第二个时期（1895—1911 年），19 世纪末 20 世纪初是中国近代高等教育发展的重要时期。1895 年、1896 年、1897 年和 1898 年分别成立的天津中西学堂、上海南洋公学、浙江求是书院和京师大学堂，一般被认为是中国近代大学的雏形。20 世纪初，清政府颁布了第一部包括高等教育在内的具有近代意义的全国性学制——《癸卯学制》。

第三个时期（1912—1927 年），1912 年的辛亥革命推翻了清王朝的统治，结束了 2000 多年的封建帝制，为中国近代高等教育的发展提供了一个相对宽松的环境。1912—1927 年的 16 年，可以说是中国高等教育发展模式的多元化时期。1912 年，在蔡元培主持下进行的教育改革形成的新学制《壬子癸丑学制》，对清末颁布的《癸卯学制》中有关高等教育的内容做了相应的改革。其间，教育部还陆续公布了《大学令》《大学规程》《专门学校令》《公立、私立专门学校规程》和《高等师范学校规程》等一系列有关高等教育的法规法令。众所周知，作为当时教育改革的总设计师，蔡元培非常关心高等教育，《大学令》就是由他亲自制定的。直到 1917 年蔡元培出任北京大学校长之后，他的高等教育理念——学术自由和教授治校才部分地在他所主持的北京大学付诸实施。就在蔡元培以德国高等教育为模式对北京大学进行深刻改造的同时，另一所国立大学——在南京高等师范学校基础上发展而来的东南大学迅速崛起。至 20 世纪 20 年代中期，浙江大学和东南大学影响日广，成为与北京大学南北呼应、交相辉映的中国高等教育的又一重镇。

高等教育作为人类创造的知识和文化的重要传播场所，作为高级专门人才的培养基地，有其自身发展的内在规律。高等教育的发展既要受处于不同经济发展阶段、不同政治文化背景的各个国家和地区的具体国情制约，也要受高等教育本身的发展规律制约。从一定意义上可以说，一个世纪以来，中国高等教育发展模式的转换就是在如何认识和正确处理这一对矛盾的过程中艰难推进的，不能以强调本国情形的特殊性为由而拒绝遵循高等教育发展的一般规律，也不能以标榜追赶世界潮流为借口而置本国国情于不顾，这是我们回顾和总结这段历史所应深刻吸取的经验和教训。

二、我国高等教育目标和性质的转变

1894—1911年的18年，是中国近代高等教育的起步时期。19世纪末创办的天津中西学堂、上海南洋公学、浙江求是书院和京师大学堂是近代大学的雏形。1904年颁布的《癸卯学制》中有《奏定大学堂章程》《奏定高等学堂章程》和《奏定农工商实业学堂章程》。在这些章程中，关于办学理念和培养目标，有了新的表述：大学堂“以谨遵谕旨，端正趋向，造就通才为宗旨，以各项学术艺能之人才，足供任用为成效”。通儒院（即研究生院）“以中国学术日有进步、能发明新理以著成书、能制造新器以利民用为成效”。从前一个时期的培养“艺才”“专才”，到这一时期地提出“通才”，从字面上看，似乎又回到了传统的人才观，因为中国的传统教育也强调“通才”，即所谓“一物不知，儒者之耻”。但是，这里的“通才”是以掌握“各项学术艺能”为前提的，不仅与封建教育的理想人格“通才”在内涵上有所不同，而且这种目标的提出本身也提升了“艺才”与“专才”的地位。在一定意义上可以说，与之前相比，这一时期较多地接纳了西方高等教育的理念。当然，这种“通才”仍必须“谨遵谕旨”“以忠孝为本，以中国经史之学为基”。在这里，中国传统高等教育的影响依然十分强大。这是因为，虽然科举制度在1905年已被废除，但是科举制度赐予出身的陋习仍然被保留了下来，秀才、举人、进士的头衔还十分具有吸引力，更重要的是封建专制制度的政治框架还在起着支撑作用，社会主流价值观的变革终究需要以经济基础和政治制度的变革为前提。与此相适应，在这十几年间，高等教育在课程体系、教学内容和方法上发生了较大的变化，最明显的表现是西方近代社会科学的各个门类被大量引进高等教育的课堂，政治学、法学、教育学、哲学、心理学、经济学等社会科学被作为大学或高等学堂的教学内容的教科书大量出版。民国初年，资产阶级革命派和激进的民主主义者从根本上否定了“中体西用”这一直接支配高等教育培养目标的文化观念，提出要用“民主共和”和“科学民主”的精神来改造中国传统的封建主义文化，这也为高等教育培养目标的进一步发展及演变提供了思想基础。

在1912—1949年的近40年间，当时的政府制定并颁布过几部重要的关于高等教育的法令、规程。就培养目标而言，从法律条文上看，最大的变化在于取消了封建社会高等教育的政治方向。1912年的《专门学校令》提出，专门学校以教授高等学术、培养专门人才为宗旨。同年颁布的《大学令》规定，大学以教授高深学术、培养硕学闳才、适应国家需要为宗旨。这里强调的是高深学术，是培养“硕学闳才”和“专门人才”。高等教育领域中大学和专门学校的区分标准是“学”与“术”，前者重在学术研究，后者重在应用技术。政治上、思想上的限制与要求，即所谓“忠君”“尊孔”，在培养目标中被取消了，特别在民国前期，由于蔡元培的努力和他广泛的社会影响，中国近代高等教育得以在教育理念上有了一次大的飞跃。正如有些研究者所指出的：“只有在这一时期，中国才真正开始致力于建立一种具有自治权力和学术自由精神的现代大学。”西方高等教育理念的核心，即学术自由和大学自治的观念，通过蔡元培的理论倡导和身体力行，第一次较全面地被国人所认识和接受。蔡元培在对北京大学的改造中，反复强调学术自由、兼容并包的办学方针。从一定意义上可以说，正是通过蔡元培在北京大学的努力，才使中国高等教育在教育理念和培养目标上，从根本上动摇了以培养“内圣外王”的“贤士”“君子”“循吏”为目标的主流传统。在这里要强调说明的是，蔡元培在宣传、倡导西方大学理念的同时，也充分利用了中国封建社会高等教育的非主流传统，即弘扬古代书院浓厚的学术氛围、师生间砥砺德行互相切磋的融洽之情以及相对的独立地位等。

在课程体系和教学内容方面，民国时期与清末相比较，最大的变化是废除了反映封建传统文化的科目，增加了大量新学科，在人文社会科学方面如此，在自然科学和技术科学方面更是如此。据统计，1919年《大学规程》中所开列的课程科目总数比清末《癸卯学制》所规定的多300多门；专科学校课程也比清末相应学堂科目增加了1—2倍。蔡元培主持下的北京大学于20世纪20年代开设的课程中，有许多在欧美一些著名大学中也是刚刚起步。

中华人民共和国成立后，关于高等教育培养目标的明确表述，最早见之于政府法规文献的是1950年7月政务院批准的《高等学校暂行规程》，其中规定："中华人民共和国高等学校的宗旨为根据中国人民政治协商会议共同纲领第五章的规定，以理论与实际一致的教育方法，培养具有高级文化水平、掌握现代科学和技术的成就，全心全意为人民服务的建设人才。"在这里，除去头、尾两处有关政治方向的要求之外，其核心内容是培养具有高级文化水平、掌握现代科学和技术成就的建设人才。与民国时期高等教育的培养目标相比较，在政治上提出不同的要求是十分自然的。应该说，作为高等教育的特点还是体现了出来，"高级建设人才"的提法也涵盖了学术人才与专门技术人才。当然，由于特定的国际国内环境，所谓学术自由、大学自治等，在刚刚取得政权的社会条件下，是不会受到关注的。相反，对大学中旧知识分子的改造很快就提上了议事日程。在课程体系方面，构建了以马克思主义理论著作为基础的新的课程体系，进一步发展的则是借用苏联的课程体系。

1956—1957年，中国高等教育领域出现了一股追求学术自由、大学自治的风潮。知识分子们积极响应中国共产党提出的"百花齐放，百家争鸣"的号召。

1961年，《中华人民共和国教育部直属高等学校暂行工作条例（草案）》（以下简称《高教六十条》）颁布，对高等学校的培养目标做了前所未有的详细规定："高等学校学生的培养目标是具有爱国主义和国际主义精神，具有共产主义道德品质，拥护共产党的领导，拥护社会主义，愿为社会主义事业服务、为人民服务；通过马克思列宁主义、毛泽东著作的学习和一定的生产劳动、实际工作的锻炼，逐步树立无产阶级的阶级观点、劳动观点、群众观点、辩证唯物主义观点；掌握本专业所需要的基础理论、专业知识和实际技能，尽可能了解本专业范围内科学的新发展；具有健全的体魄。”可以说，这是近代以来关于高等教育培养目标字数最多的一次表述。

1978 年，教育部对 1961 年颁布的《高教六十条》略作修改，引发全国高校组织讨论，其中关于高等教育的培养目标完全是原来的表述。这说明了在改革开放初期，注重专业知识的问题已被提上了议事日程。1980 年 2 月，全国人大颁布了《中华人民共和国学位条例》，其中规定对在高等学校和科研机构的毕业生和科研人员经过严格考核，分别授予学士、硕士和博士学位，其目的是促进科学专门人才的成长，促进各门学科学术水平的提高与教育和科学事业的发展。

1985 年 5 月，中共中央颁布了《关于教育体制改革的决定》（以下简称《决定》）。《决定》指出，“高等学校担负着培养高级专门人才和发展科学技术文化的重大任务”。这是中华人民共和国成立以来，第一次如此明确地把高等教育的任务归结为培养高级专门人才和发展科学技术文化。这次会议的另一项与高等教育理念有关的重大决定是，明确提出要扩大高等学校的办学自主权，“使高等学校具有主动适应经济和社会发展需要的积极性和能力”。可以说，《决定》赋予了我国高等学校自中华人民共和国成立以来从未有过的自主权。此外，《决定》还强调高等学校是教学、科研中心，而不像苏联模式那样，仅仅负责教学或负责专业培训，要改革教学内容、教学方法、教学制度及提高教学质量，开展教学改革试验，改变专业过窄的状况，增加选修课，实行学分制和双学位制等，努力借鉴和移植先进国家高等教育的课程体系和教学内容。

进入 20 世纪 90 年代，随着改革开放的深入和经济体制的转变，中国高等教育的发展进入一个新的历史时期。1994 年 7 月，国务院颁发《关于中国教育改革和发展纲要的实施意见》，提出要进一步发挥高等学校在国家科学技术工作中的重要作用，实施“211”工程，面向 21 世纪，重点建设

100所左右的高等学校和一批重点学科。1998年8月，全国人大制定并颁布了《中华人民共和国高等教育法》，规定“高等教育的任务是培养具有创新精神和实践能力的高级专门人才，发展科学技术文化，促进社会主义现代化建设”，“高等学校应当面向社会，依法自主办学，实行民主管理”。这是中华人民共和国成立50年来制定并颁布的第一部高等教育法，它突出强调了培养高级专门人才和办学自主权，全面肯定了改革开放以来我国在高等教育办学理念、培养目标、管理体制等方面所取得的共识。与此同时，随着经济的发展和人民群众接受高等教育需求的不断增长，西方发达国家高等教育大众化的理念正在日益被人们所接受，并逐渐转化为政府的教育政策，中国高等教育面向社会精英阶层的传统正在成为历史。可以说，中国近代高等教育在经历了整整一个世纪的曲折之后，终于有了明确的、与世界高等教育发展同步的理念、目标与方向。①

三、我国高等教育的类型

国家教育发展研究中心将我国高等教育分为四种类型。

（一）研究型大学

研究型大学明显特征是学科综合性强，每年授予的博士学位数量多，培养的人才层次为本科及本科以上学历，满足的是对高层次研究型人才和研究型成果的需求，研究生至少占到20%—25%，每所学校每年授予博士学位的数量至少为50个。

（二）教学研究型大学

教学研究型大学的教学层次以本科生、硕士生为主，个别行业性较强的专业可招收部分博士生，但不培养专科生。

（三）教学型本科院校

教学型本科院校的主体是本科生的教学，特殊情况下有少量的研究生

① 黄苏飞．高校形势与政策教育教学创新研究［M］．上海：上海交通大学出版社，2011.

或专科生。

（四）高等专科学校和高等职业学校

高等专科学校和高等职业学校体现了高等教育在学校、专业设置上最为灵活的部分，主要是为了满足当地经济建设及社会发展的需要。

第二节　现代教育理念

一、现代教育理念的内涵

“教育要面向现代化，面向世界，面向未来”，这是邓小平同志 1983 年 10 月 1 日为北京景山学校的题词。题词发表后，迅速被各大媒体转载，在全国上下引起了巨大反响，并且由此拉开了教育界改革的序幕。[①]

教育必须为社会主义现代化建设服务，社会主义现代化建设必须依靠教育。这是邓小平关于教育要“三个面向”思想的基本要求。因此，现代教育要适应政治、经济、文化的飞速发展，必须以更加创新与完善的理念引导现代教育的改革。综合起来，现代教育理念大致可以归类为以下几个方面。

（一）以人为本的理念

21 世纪的今天，社会已经由重视科学技术为主发展到以人为本的时代，教育作为培养社会所需要的人才来促进经济社会发展的事业，更应当体现以人为本的时代精神。因此，现代教育强调以人为本，把重视人、理解人、尊重人、爱护人、提升和发展人的精神贯穿于教育教学的全过程、全方位，它更关注人的现实需要和未来发展方面，注重挖掘人的潜能，重视人自身的价值的实现，从而不断提高人的生存和发展能力，促进人自身

① 冉清文．普通高校教学模式改革实践［M］．沈阳：东北大学出版社，2016.

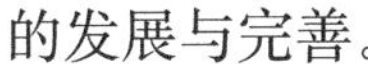

的发展与完善。

（二）全面发展的理念

促进人的自由全面发展是现代教育的宗旨，所以它更关注人的发展的完整性、全面性。宏观上表现在，它是面向全体公民的国民性教育，注重民族整体的全面发展，以大力提高和发展全民族的思想道德素质和科学文化素质，提高民族的知识创新和技术创新能力，增强包括民族凝聚力在内的综合国力为根本目标；微观上表现在，它以促进每一个学生在德、智、体、美、劳等方面的全面发展与完善，造就全面发展的人才为己任。这就要求人们在教育观念上实现由精英教育向大众教育、由专业性教育向通识性教育的转变，在教育方法上采取德、智、体、美、劳等多育并举、整体育人的教育方略。

（三）素质教育的理念

现代教育更注重教育过程中知识向能力的转化及内化为人们的良好素质，强调知识、能力与素质在人才整体结构中的相互作用、辩证统一与和谐发展。针对传统教育重知识传递、轻实践能力，重考试分数、轻综合素质等弊端，现代教育更加强调学生实践能力的锻造、全面素质的培养和训练，主张能力与素质是比知识更重要、更稳定、更持久的要素，把学生综合素质的培养与提高作为教育教学的中心工作来抓，以帮助学生学会学习和强化素质为基本教育目标，旨在全面开发学生的诸种潜能，使知识、能力、素质和谐发展，提高他们的整体发展水平。

（四）创造性理念

传统教育向现代教育的重要转型之一，就是实现由知识性教育向创造力教育转变。因为知识经济更加彰显了人的创造性作用，人的创造力潜能成了最具有价值的不竭资源。现代教育认为，教育教学是一个具有高度创造性特点的过程，以启发、点拨、开发、引导、训练学生的创造力才能作为基本目标。主张以更新颖的教学手段和美好的教学艺术来创造出教育教学环境，从而更好地培养创造性人才。现代教育主张，完整的创造力教育是由创新教育（旨在培养学生的创新精神、创新能力与创新人格）与创业教育（旨在培养学生的创业精神、创业能力与创业人格）二者结合而形成的。因此，加强创新教育与创业教育并促进二者的结合与融合，培养创新型、创业型、复合型人才成为现代教育的基本目标。

（五）开放性理念

当今时代是一个开放的时代，科学技术的快速发展、经济的逐步全球化使世界成为一个紧密联系的地球村。以前的教育格局将被打破，取代它的是一种全方位开放的新型教育。这种新型教育包括教育方式的开放性、教育过程的开放性、教育观念的开放性、教育目标的开放性、教育评价的开放性、教育内容的开放性等。

（六）多样化理念

现代社会是一个日益多样化的时代，随着社会结构的高度分化、社会生活的日益复杂和多变以及人们价值取向的多元化，教育也呈现出多样化发展的态势。这首先表现在教育需求多样化，为适应经济社会发展的要求，人才的规格、标准必然要求多样化。其次表现在办学主体多样化、教育目标多样化、管理体制多样化。最后还表现在灵活多样的教育形式、教育手段，衡量教育及人才质量的标准多样化等。这些都为教育教学过程的设计与管理提出了更高的要求与挑战，它要求根据不同层次、不同类型、不同管理体制的教育机构与部门进行柔性设计与管理，它更推崇符合教育教学实践的弹性教学与弹性管理体系，主张为教育事业的发展提供更加宽松的社会政策法规体系与舆论氛围，以促进教育事业的繁荣与发展。

（七）生态和谐理念

自然物的生长需要良好的自然生态环境，人才的健康成长同样也需要宽松和谐的社会生态环境的滋润。现代教育主张把教育活动看作一个有机整体，这个整体不但包括教育活动的老师、课堂、学生及教育、实践、内容与方法诸要素的融洽与和谐统一，也包括教育活动与整个文化氛围和环境设施的和谐统一，把融洽、和谐的精神贯注于教育的每一个有机的要素和环节之中，最终形成统一的教育生态链整体。

（八）系统性理念

随着知识经济的来临以及学习化社会的到来，终身教育成为现实。教育成为伴随人一生的最重要的活动之一。因而，教育不再仅仅是学校单方面的事情，也不仅仅是个人成长的事情，而是社会进步与发展的大事，是整个国民素质普遍提高的事情，是关乎精神文明建设及两个文明协调发展的全局性、战略性大业，它是一项由诸多要素组成的复杂的社会系统工程，涉及许多行业和部门，所以需要全社会普遍参与、共同努力才能做好。所以，与传统教育不同，转型时期我国正在形成的是一种社会大教育体系，它需要在系统工程的理念指导下进行统一规划、设计和一体化运作，以培养人们的学习能力，提升人们的生存和发展能力为目标，以实现社会系统内部各环节、各部门的协调运作、整体联动为基础，把健全教育社会化网络作为构成教育环境的中心工作来抓，促进大教育系统工程的良性运行与有序发展，以满足学习化社会对教育发展的迫切要求。

二、高校现代教育理念

（一）高校教育理念的概念

我国学界对教育理念问题的关注和研究，始于21世纪之初的基础教育新课程改革。新课程从教学目标的确立到教学内容的编排，再到教学方式的设计，都与传统课程有着根本的不同。教师要想适应新课程的教学工作，首先必须转变教育思想和观念。其后，教育理念研究逐渐从基础教育领域进入高校教育领域。从已有教育理念的研究成果来看，其概念界定比较有代表性的观点如下：有学者从教学理性认识的角度出发，认为教育理念是从先进的教育理论中演绎出来的有关教学活动的理性认识，是“教学应该怎样、为什么需要如此”的理想化认识，体现了教师对教学实践的价值期待及理想追求。有学者从现实与超越的视角指出，教育理念不仅包括教师对教学问题的现实性认识，也包括教师对教学问题的前瞻性价值判断与结果选择。有学者主张从教学规律的角度解读教育理念，指出教育理念是教师对教学与学习活动内在规律的认识，是教师对教学活动的看法以及所持有的基本态度与观念。有学者从大学教师的维度指出，教育理念是指大学教师头脑中观念性地存在着的，关于学科教学和学生智慧发展等方面理论与信念的综合体，是指导教师教学实践活动的理论基础。有学者从融合与统一的视角指出，教育理念就是教学理念和教学理想的一种融合，是主观和客观的一种融合，是认识和信念的一种融合，是思想和行为的一种融合，是事实判断和价值判断的一种融合。有学者则从教学思维和教学价值观的角度出发，指出教育理念是关于教学的根本看法与思想，是教师对教学问题进行思维所获得的结果。综上所述，学者们对教育理念概念的解读和界定，虽然存在着认识视角和侧重点的不同，但也反映了一些共同特点，即都主张把教育理念理解为教师对教学所作出的主观认识和价值判断，是教师对教学所表现出的态度与信念、期待与追求，是教师对教学所持有的思想与观念。

基于上述分析，我们认为高校教育理念是高校教师在长期教学理论学习与教学实践反思基础上创造生成的对教学活动价值及其本质规律的认识和判断。从本质上来说，教育理念体现了高校教师对“教学究竟是什么”以及“教学到底能够做什么”的理性思考，深刻反映了教师对教学的应然状态以及教学的理想状态的憧憬和向往，因而表现为一种指向教学实践活动未来的精神范式和理性品格。高校教育理念不同于教育观念，教育观念或者是以“非系统化”的方式呈现关于教学实践的感性认识，或者是以“意识形态”的方式呈现关于教学实践的理性认识，具有强烈的现实性色彩。高校教育理念也不同于教学理想，教学理想是教师对未来教学实践发展趋势的把握、想象和憧憬，它不仅具有鲜明的情感性特点，而且具有极为突出的信念性特征。高校教育理念处于教育观念和教学理想的联结点与关键点的位置，较之于教学观念，它往往弱化了现实性而更具信念性；较之于教学理想，它往往弱化了信念性而更具现实性。教育理念在高校教师的教学实践活动中发挥着方向性和主导性的价值作用，是更新教师教学行为的先导和灵魂。教育理念渗透和融入高校教师的教学过程之中，不仅影响着教师对教学内容的讲解、对教学方法的运用以及对教学进程的调控，而且也影响着高校教师的教学态度及其对教学认知、情感和行为的投入程度，因而是高校教师教学成功的最深层支撑力量。

（二）高校教育理念变革的趋势

进入 21 世纪以来，随着我国高等教育大众化进程的不断推进，高等教育条件保障机制等方面遇到了难以预料的困难，由此引发的人才培养质量争议成为高等教育的热门话题。政府和高等学校回应这种社会争议的积极举动就是实施“高等学校教学质量与教学改革工程”，试图既改善高等教育的条件保障状况，又注重将物化的环境与条件转化为人才培养所必需的制度建设，不断推进教育理念创新。

1. 全面落实科学发展观

科学发展观的第一要义就是发展，包括高等教育的发展和人的发展。围绕以人为本这个核心，人才培养工作必须是全面协调可持续发展的，这也是终身教育和学习化社会思想的基本要求。贯彻党的教育方针，推进素质教育，坚持“巩固、深化、提高、发展”的方针，遵循高等教育的基本规律，牢固树立人才培养是高等学校的根本任务、质量是高等学校的生命线、教学是高等学校的中心工作等都属于新的高等教育理念。

2. 建立健全大教育观

具体表现在优质高等教育资源共享上，通过新教材和立体化教材建设、网络教育资源开发和共享平台建设，建设面向全国高等学校的精品课程和立体化教材的数字化资源中心，建成一批具有示范作用和服务功能的数字化学习中心，完善服务终身学习的支持服务体系，提升我国高等教育的质量和整体实力。这需要充分考虑提高教学质量的系统性和复杂性，确定一些具有基础性、全局性、引导性的改革突破口，引导高等学校教育教学改革的方向，实现高等教育规模、结构、质量和效益协调发展。同时，也需要调动学校、政府和社会各方面的力量，把发展高等教育的积极性引导到提高质量上来，充分利用各方面力量支持高等学校的发展，切实解决高等学校在提高质量方面的实际问题，为高等学校办学创造良好的外部环境。

3. 不断鼓励和引导丰富多彩的高等学校教学创新

高等学校教学创新与高等教育质量提高是一对永恒的孪生话题。总体而言，我国高等学校教学创新在实践活动上可谓阵容庞大、气势恢宏，但在形式和内容上出彩不多。因此，在教学制度创新方面，要继续建立和完善教学评估制度、专业认证制度、高等学校基本状态、数据发布制度等；在教学活动创新方面，不仅要落实“教授、名师要上课堂”，还要努力建设高等水平教学团队。同时，应继续突出学生的主体地位，不断加大学生选课、选专业的余地，通过学分制使学生学习的自主性、自我责任心进一步增强，还应通过各级各类大规模、高强度的教学研究与教学改革立项和成果奖励，推动教学方法改革创新的激励机制，根本改变教学方法改革创新零散、自发、孤立、短效的局面。

第二章　高校教育教学中的人本化教学模式

所谓人本化教育，就是以“育人”为本的教育。高校教育有很多功能，但其基本的应当是育人功能，学校应当把育人放在其工作的首位，做到“以人为本”，换句话说，教育要人本化，不要功利化、政治化、工具化。

第一节　人本化教育模式概述

一、人本及人本化教育的基本内涵

（一）人本的基本内涵

“以人为本”中的“人”总的来说应包括：人类存在意义上的人、社会上的人、具有独立人格和个性的人。“以人为本”中的“本”则主要有三层含义：其一，人应当是事物发展过程中或改造过程中的主体。要突破人对人、人对物的依赖，在社会发展进程中进一步突出人的主体地位，强调人的主体性。而这里的主体，既是权利的主体，又是责任的主体。其二，把人的培养和发展看作一切事物的前提、目的、最终的本质和依据。加强对人的意识、人的观念、人的能动性、人的发展空间和维度的重视。把人看作一切活动的主体和承担者，把人理解为一切事物的根本和本质属性。其三，关注人的生活世界和精神世界，关注人本身的存在和发展的命运，关注人存在的价值以及价值的实现。

（二）人本化教育的基本内涵

人本化教育的基本内涵可以概括为以下四个方面：

第一，突出人的主体性教育，使学生主体地位能得以确定，培养学生的伟大志向，让学生既懂得享受学习，又懂得追求学习，培养主动型、自律型学习品格。发展学生个性，激发学生学习动机、进取动机，敢于追求卓越，勇于磨砺自身的自信型教育。

第二，优化教育环境，确立人的平等竞争地位，既要重视人格平等，又要推崇竞争公平，加强教育双方的沟通与交流，尊重个体性与群体性差异，孕育公平、公开、公正型教育环境。同时，还要造就一批具有创造灵性，具有模范带头作用的教师队伍，提高先锋人才队伍质量，保障教育基础环境。

第三，加强健全人格教育，以人格健康、道德健康作为教育人的基本点，弘扬仁爱教育、孝德教育、诚信教育、批评与自我批评教育，从而培养学生良好的人格道德情操，形成良好的学习、生活、交际习惯等。

第四，重视学生的心理调节教育，围绕学生的基本心理特点，探索心理规律，“对症下药”“有的放矢”，培养学生不畏艰险、不怕吃苦、勤奋向上、敢于面对挫折和困难的心理协调教育。

二、人本化教育内容

（一）人的信仰教育

人的理想信仰作为人发展的重要精神动力源泉，在人的全面发展中发挥着指导性的作用。它是我们团结一致、开拓进取的强大精神支柱和不竭的力量源泉，也是学生健康成长，把握正确发展方向，端正世界观、人生观、价值观的重要航标。而人本化教育就是要根据学生的认知规律、认知层次、认知特点，按照循序渐进、分门别类、有的放矢的基本原则，通过对大学生进行先进理论、科学理念、思想体系等的教育。要通过这种教育来解决大学生的信仰问题。坚定他们对马克思主义的信仰，坚定他们对党的信任，坚定他们建设中国特色社会主义的决心，坚定他们实现中华民族伟大复兴的信心，并自觉把自己的人生理想和追求同祖国的前途命运紧密结合起来，树立“先天下之忧而忧，后天下之乐而乐”的伟大情怀，为祖国奉献青春、奉献智慧，担当起历史的重要责任和使命，为实现民族的繁荣富强而谱写壮美的篇章。此时人本化教育的终极作用和教育内容的引导性也就能从教育本质上凸显出来。人本化教育既要培养学生的真才实学，又要培养学生的意志、品格、信仰、情怀等，因而信仰教育也必将成为其首要的基本内容之一。

（二）人格品德教育

人格品德教育是高校教育最基本也极其重要的内容。人本化教育是顺应时代之举，是与时俱进的新思路，它的基本宗旨就是要教人做人、教人为人、教人成人。换句话说，它不仅要使学生学会做事，更重要的是使其学会做人、成人、做好人，这应当成为教育的崇高使命，也理应成为教育的真谛所在。因而可以说，加强人格品德教育是人本化教育的重要使命和必需的内容。人本化教育以“人格品德”为重点内容之一，宣扬做人应先做事，人性胜于灵性，情感应贵于智慧，成人重于成才。因此，在人本化教育中应该坚持“教育以人为本，做人以德为本，要成才，先成人，不成人，宁无才。有德无才要误事，有才无德要坏事”。总之，人本化教育既要培养德才兼备的人才，又要培养有益、有心的人，致力于培养人的理想信念、人格修养、道德、责任。它承担着人格品德教育的重要使命，同时也灌注着新时期人格品德教育的新内容。

（三）人的生命美学教育

生命美学教育的宗旨是让学生正确认识并实现其生命美感的形象和生命审美的价值。它是培养大学生具有健全人格、具有美好心灵、举止文明典雅的美学教育形式，其重要目的就是让大学生正确认识生命的美感，以及持有科学的审美价值观，教育学生善待生命、善待生活，树立正确的、科学的审美理念。这不仅是一种对思想的认知，也是一种对情感生命的是非判断，同时也是一种对精神生命的审美性，更深层次地体现生命境界的升华和生命历程的净化。人本化教育追求的正是要把人培养成为追求真善美相结合，能够对是非丑恶具有客观判断能力和审美能力的健全的人，因而生命美学教育也无疑成为人本化教育的重要内容之一。

在人本化教育中对大学生实行生命审美教育，就是要帮助青年学生具有认识美的觉悟、追求美的理念和创造美的能力。人本化教育中的生命审美教育：从理论来讲，是教育大学生运用生命审美的意识来维护和实现生命个体的崇高属性；从实践来讲，是教育大学生用生命审美的实践来实现生命个性的价值，从而使大学生的宝贵生命能抵抗惊涛骇浪的袭击，抵御不良风气的伤害。人本化教育中的生命审美教育是一种复杂和高级的精神活动，是非常艰苦和具有创造性的工作。

（四）人的情感教育

人本化教育中的情感教育即人本化教育对象对教育者及其实践活动、对教育内容产生相应的情感体验的活动。积极有效的情感教育，表现为教育者与被教育者之间情感上的接近、尊重、信任，是教育双方对教育内容及其表达的教育目的的认同、接纳、追求与实践欲望。良好的情感教育活动为教育实践活动营造着积极的和带有催化性质的良好氛围。同时，这种情感教育活动的发生、进行，又是教育双方追求理想、相互促进、和谐共处的推动力，也是教育对象对教育内容知识型掌握向信念型掌握转化的中介。人本化教育的一个突出特色就是要对人晓之以理，动之以情，把健康的、丰富的情感活动注入教育双方的血液。可以说，情感教育既是思想政治教育的重要内容，也是人本化教育必须首先处理好的基本问题，因为它贯穿始终，是人本化教育的重要环节。

（五）个体满足教育

人本化教育基于个体发展与社会发展之间的相关性，同时考虑并满足个体与社会两个方面的需要。在其教育活动中，对教育对象的个体满足教育主要包括三个基本方面。第一个方面，人本化教育对教育对象社会适应需要的满足。就教育的价值角度而言，这也正是教育个体价值中内在价值所在。人本化教育对个体的社会适应需要的满足主要解决四个维度的问题，即使个体素质的思想维、情感维、能力维、行为维等达到相应层次和水准，比如说，个体对社会政策、法规、社会规范、道德规范等的掌握度和对知识层面的理性掌握，个体的社会责任感、爱国主义情感、集体主义情怀，教育对象对社会问题的认识能力、判断能力、抉择能力等，自身服务社会、实践社会的行为模式等。第二个方面，人本化教育对教育对象享受需要的需要。马克思主义曾把精神享受理解为精神消费，把精神消费作为人活动必需的要素统一于人的享受需要。而人本化教育是以实现人的物质与精神享受为目的的教育，不仅包括物质方面的享受，而且包括精神方面的享受。第三个方面，人本化教育有效结果对教育对象发展需要的满足。当某一层次需要得到满足之后，必然会有另一层次需要的出现，这成为个体行为的推动力和个体行为的目的指向。而人本化教育的另外一个有效结果就是要以人为中心，实现人的全面发展，既继承了马克思主义关于人的全面发展需要方面的重要思想，也贯注着新的思想内涵。在人本化教育中，强调当教育对象的需要和享受的更替性与发展性，也就是说当需要获得基本满足之后，必然随之产生更高一层次的需要即发展的需要。正如个体的社会适应需要的多样性一样，个体的发展需要也表现为多个棱面。人本化教育结果的个体满足性主要通过教育者对受教育者在个体素质方面发展需要的满足来表现，主要表现为更广泛地实现人的发展需要，最大限度地提高个体素质的培养能力，满足个体素质实现更高层次精神境界的需要。总之，个体满足教育是人本化教育一个具有重要价值和意义的内容。

三、人本化教育的特点

（一）方式的针对性

“以人为本”是现代大学的教育哲学观，而人本化教育坚持了这一根本的教育观。高校坚持以人为本，就必须贴近实际、贴近生活、贴近学生，这是人本化教育实效性的关键。这要求我们在实施人本化教育的过程中，既要讲规律又要讲个性，还要充分考虑共性，对学生的认知水平、接受层次、心理特征及个性差异都要进行合理科学的分析和研究，教育的内容要带有层次性和特殊性，对特殊群体更应该选择适合于其发展的教育方式和方法，真正做到以理服人，以情动人，以实际行动感人；通过渗透和交流的方式，让学生自己在这种氛围中去体验和感受，最终潜移默化地体会到人本化教育的必要性和重要性。

对大学生实施人本化教育，既要遵循教育的规律性，又要遵循人本化教育的独特性，充分了解受教育者对人本化教育的认识程度、接受层次及接受人本化教育的心理特点。对人本化教育的内容选择要合理且易接受，对教育方式的选择也要针对大学生这一特殊群体，做到以理服人、以情动人、理论与实践相结合，通过渗透的方式，让学生自己体验和感受，在充满情感的需求中潜移默化地体会到人本化教育的必要性和重要性。例如，针对不同的学生的思想、学习和生活等问题，积极引导和教育，甚至可以在一定的条件下进行公益性讲座、培训，使学生调整好心态，尽最大可能减少心理压力，坦然面对困难，迎接挑战。当然也要鼓励、督促他们学好技能，最大限度地发挥个人的潜能，立志为社会主义现代化建设贡献自己的力量，把教育工作落到实处。

（二）过程的情感性

人本化教育的过程是一个晓之以理、动之以情的过程，也是一个讲道理、以理服人、以真情感人、以人为根本的过程。对大学生的人本化教育是复杂的过程，也可以说是一项系统的工程。人本化教育基于对个体内在的、心理的、直观的感受或现象，进行有针对性的教育活动；在教育活动过程中，既立足于客观实际教育活动的因素，也从不同的层面酝酿和谐的教育外在环境，整个过程是一个人性化的运作模式。从一定角度上讲，人本化教育的过程是一个富含情感的过程，也是一个情感交流的过程。

（三）对象的平等性

当代大学生自我意识增强，重视教育的平等性。在人本化教育过程中，教育者与受教育者在思想上和情感上处于平等交流的状态。这种双方关系置于平等位置的教育方式，造就了教育者与被教育者和谐的沟通关系和情感关系，让双方在一定认知和心理上产生共鸣，拉近了教育者与被教育者的距离，消除了两者之间的间隙，凸显了教育的互动性和人性化发展。此外，人本化教育的平等性还体现为日常生活学习中的帮助和重视，在互帮互助的情境中去表达对平等的追求，这一过程无不体现着、蕴含着平等性的特征。

（四）内容的匹配性

人本化教育十分重视教育内容与教育对象之间的匹配关系，因为这直接关系到教育对象能否接受教育内容，关系到教育对象接受教育内容之后能否形成教育目的所指向的个体素质，从而直接影响到人本化教育有效性的实现。这种教育内容与教育对象的匹配关系主要通过两个方面表现出来：一方面，教育者依据其深刻把握教育对象的既有现实状况与接受特点对教育内容进行规划与安排，实现教育内容由第一层面向第二层面的转化，达成教育内容与教育对象的匹配，提高教育对象对特定教育内容的接受能力与接受效果，促成教育有效性的实现；另一方面，教育者根据教育对象的既有思想状况及思想倾向，为实现特定的教育内容，以达成教育内容与教育对象的匹配，促成教育对象在教育内容的影响下形成教育目的所指向的个体素质，从而促成教育有效性的实现。这一意义上的教育内容与教育对象的匹配，犹如我们在日常生活中经常提及的“对症下药”。

（五）结果的完美性

人本化教育培养出来的人才一般具备如下特征：其一，有着坚定的理想信念；其二，人格素质得到显著提升；其三，人的智商情商全面提高；其四，追求卓越的心态平稳；其五，实现价值的动机明确；其六，经受挫折的承受能力增强；其七，认知意识不断强化。这种培养模式最终将使大量德才兼备、敢于创新、敢于挑战、敢于负责的高素质人才脱颖而出，为高校科学发展、和谐发展，为素质教育的全面实施注入强大的动力和力量源泉。从长远发展来看，也必将全面提升中华民族的整体素质，实现中华民族伟大复兴，实现祖国的繁荣昌盛。

四、以人为本的理论基础

（一）马克思主义的以人为本思想

1. 内涵

马克思主义的以人为本思想建立在唯物史观基础上，既体现了世界的同一，又体现了人与人自身的同一。这种同一内在的要求必须把人看作社会历史的前提和基础，并确认人是推动社会历史前进的决定性力量，一切从人出发，充分反映人的利益、愿望和要求，树立一切依靠人民群众的思想。马克思主义的以人为本思想是具有较强实践意义的唯物主义，对于科学理解“以人为本”的本体论意义指明了正确的道路；马克思主义的以人为本思想实现了科学理性与自然理性的有机结合，有效解决了人与自然的关系问题，从而深刻诠释出马克思主义的以人为本思想对“人的全面发展”这一终极目标的追求与探索，因为马克思主义的以人为本思想中的“本”就是本体论意义上的“本”，以“人的全面发展”为思考问题、处理问题的出发点。

2. 特点

第一，实践范畴使其更具有本体论意义。马克思主义以脱离抽象还原自然的新角度看待一般本体论问题，人们在实践中认识实际规律的客观存在，尊重并利用客观规律的人就会成为实践的主人，成为世界之本。

第二，以人为本解决人与自然的关系问题。人的主观能动性使其成为自然世界、客观规律的探索者和利用者，人们在认识规律、掌握规律中积极改造周围的环境，使其最大限度地适合自身居住和发展，自然改造着人，人也在影响自然。可以得出，认识自然、顺应和利用规律就会使人成为自然的主人。

第三，以人为本体现出全面发展理论。马克思主义认为人是历史的创造者，也是社会进步的推动者。当社会进步、经济发展等外围因素快速发展的时候，人自然也会顺应时代的进步而全面发展，生产力提高和经济发展是无休无止的，人的发展也是无穷无尽的，人与自然发展之间是互为前提和基础的。

（二）西方文化中的人本主义传统

西方人本主义的发展史基本可以分为古希腊哲人的人本主义思想、费尔巴哈人本主义哲学以及杜威的人本主义思想三个阶段。

1. 古希腊哲人的人本主义思想

古希腊的哲人在探究人与自然之间关系的过程中把人看作自然的一部分，人与神一起生活在自然环境中。虽然古希腊哲人在思想中还存有较强的迷信色彩，但是他们把人作为自然中的组成元素，并认为人与自然界是相互依存、相互独立的关系体，人本主义思想由此产生。随着公元前5世纪古希腊的繁荣，人本主义思想逐步走向成熟。

2. 费尔巴哈人本主义哲学

唯物主义哲学家费尔巴哈是德国资产阶级民主派的主要代表，其人本主义哲学起源于当时资本主义的发展使黑格尔的唯心主义哲学呈现出明显的滞后性，无法满足资产阶级进行斗争的要求，从而使唯物主义代替唯心主义成为必然。费尔巴哈人本主义强调以人和自然两种元素作为其哲学思想中的最高研究对象，而且自然环境自身具有很强的规律性和必然性，是人的生活基础，人来源于自然环境，与自然具有不可分割性，人以自身的角度去观察和认识自然，具有一定的主观性和创造性。由此，费尔巴哈人本主义哲学逐渐成为资产阶级与宗教神学进行斗争的思想武器，深刻揭示出人与自然的关系，使人本主义思想深入人心。

3. 杜威的人本主义思想

“以人为本”是支撑杜威教育教学理论的强有力基石，教育家杜威在教育目标、教育过程、教育价值以及教育范畴等方面积极探究人的主观能动性，体现出明显的人本主义思想，强调学习者的生命尊严、认知能力和发展潜能，主张为学习者构建互帮互助、共同学习、共同提高的交流与沟通平台，发挥学习者的认知积极性、主动性和创造性，真正让学习者成为课堂的主人、认知的主人。杜威认为教育的目的就是实现人的素质发展和能力提升，这种目的是师生作为教学角色而“内定”的，而不是外界强加的。杜威的思想为以人为本在大学教育中的应用提供了有力的实践和理论基础。

（三）中国教育思想中的人本精神

在我国历史长河中以人为本、以民为本等思想早有记载，许多人在这方面都做了许多积极探索，可简单概括为以下三个方面：

1. 古代教育思想：孔子的人本化教育思想

我国古代教育家孔子继承和发扬上古时期就有的民本思想，以仁政为民为基本政治思想，以博爱友爱为德育内容，以爱民富民为经济目标，以全面教育为教育主张。孔子的人本化教育思想继承和发扬殷商的民本思想，也对后世儒家思想的发展方向奠定了坚实的思想基础。在古时，孔子主张因材施教，根据学生的资质、兴趣为教学信息，提高自身教育教学行为的实效性，而不看重学生的阶级成分和贫富贵贱，从而具有强烈的人文主义色彩。同时，孔子还积极实行平等教育，无论学生出身的高低贵贱，都可以平等地成为其弟子。孔子提出“学而优则仕”建议也能够激发最大范围学习者的认知积极性和发展主动性，从而使统治者获得坚实的群众基础，也使普通人能够与达官贵族获得同等的发展机会，这种思想也体现出人本主义思想。在当今时代的大学教育中，“因材施教”等具有人本化教育思想的理论，仍然具有较高的实践作用。

2. 近现代教育思想：蔡元培的人本化教育思想

蔡元培不仅是历史上非常著名的革命家，还是一位献身教学、建树颇多的教育家，他一生中锐意创新、大胆实践、敢为人先，并将自己的教育教学实践上升为许多经典的教学理论，直接促进了我国近代学校教育的大发展。蔡元培以人为本的教育思想主要表现在五育教育、女性教育、平民教育和教育独立方面，表现出蔡元培对受教育群体的认识与拓展。另外，蔡元培的“自由思想，兼容并包”的办学理念对于解决学生认知、释放课堂活力、提高课堂效果、实现学生全面发展具有非常积极的现实意义。

3. 当代中国以人为本的教育理念

开始于1999年以素质教育为主导思想的第八次新课程改革有力拓展出解放学生手眼脑、交还学生话语权、实现教学人性化的新天地，更加凸显出以人为本、以生为本的先进教育教学理念。党的十六届三中全会也明确提出了“以人为本”教育理念指导学校教育、以实现学生全面发展为教育任务的科学发展观，深刻体现出社会主义的最本质的要求以及对社会主义社会建设的深层次认识。“以人为本”教育理念为我国教育提出了办学、治学的基本方针，强化了“以学生全面发展为本”的教育理念，有效促进了学校教育事业的科学发展。“以人为本”以受教育者的全面成长和快乐认知为最高教育目标，显现出党和政府对以人为本教育理念以及国民素质提升的重视。

第二节 高校教育教学中人本化教育的重要意义

一、有利于提升大学生素质

（一）引导大学生提高思想觉悟

大学生是社会进步、时代发展的承载者。大学生只有具有较高的思想觉悟，具有高度的爱国主义、集体主义、社会责任感和担当意识等优秀品质，才能承担这一重任。“以人为本”强调大学生的全面发展，要实现大学生德、智、体、美、劳等方面的科学发展，在教学中融入以人为本理念有益于调动学生的参与度。例如，在课堂讨论过程中，大学生能够各抒己见、畅所欲言，充分表达自己对某一社会事件的看法，从而能够吸收他人的正确观点，获得思想觉悟提高的正能量；在社会实践教学活动中，大学生亲眼看到现实生活后，能够增强其责任意识和担当意识、自我成长意识，有助于大学生思想觉悟的提高。实现大学生思想觉悟的提高是高等教育的教育目标，也是“以人为本”先进理念的核心内容之一。

（二）引导大学生丰富知识素养

大学生肩负着推动社会进步和时代发展的重任，既要与大众一起创造大量的物质文化产品，也要为提高大众生活质量和生活品位作出贡献。因此，大学生要博览群书、通晓古今，还要具有较高的专业知识，才能够在将来发挥自己的专业技能，并且通过自己的专业知识走向事业的成功。基于此，教师要引导大学生在高校学习期间积极进行课堂学习和课后自主学习，为大学生安排仁者见仁、智者见智的时事问题，让大学生在课堂讨论中各抒己见。另外，教师要善于把握教育时机，引导大学生分析问题、解决问题、理论联系实际，提高大学生自主学习的能力；善于进行评价，全面、客观、科学地分析和评价每一位大学生的见解，借助“言为心声”获取大学生的思想动态，为丰富和提高大学生的知识素养提供针对性和科学性较强的教学策略。以人为本中“因材施教”等具体方法，更有利于提高学生学习的积极性和创造力，从而引导大学生具有较高的知识素养。

（三）引导大学生积累社会生活能力

“以人为本”的先进理念不但要求和实现大学生的全面发展，还努力为大学生打造和拓展教育平台，在教育教学中从多方面开展教育，促使大学生的全面发展。课堂教学是大学生思想、觉悟发展和提升的主阵地，也是教师完成教学任务、实现大学生健康成长的责任田，大学生在师生互动、生生互动的过程中互通有无、沟通发展是课堂教学的有益补充。社会实践则是高等教育的重要组成部分，是学校组织大学生接受社会教育、开发社会教育资源、提高教育成果的重要形式。在实际生活中，社会是一所大学校，具有正能量的人物故事能够对大学生产生较好的教育效果，而近在咫尺、耳闻目见、触手可及的教育素材能够对大学生产生课堂教学无法比拟的良好教育效果，是大学生全面发展、健康成长的宝贵资源。在多渠道的教育下，大学生不仅可增强专业素养，还可提升社会生活能力、交流能力、学习能力、公关能力及创新能力等，能够成长为社会生活的弄潮儿。

二、有利于教育工作者开展教育

大学生群体的复杂性是社会现象的简单缩影，也是大学生社会化发展的直接体现。基于此，教师应立足大学生群体的实际情况，采取一系列针对性较强的教育方式，让大学生在机会教育过程中亲眼看到、亲身体验现实生活中的“不和谐现象”，以此激发大学生的同情心和自省心理，引导大学生自己定位和审视个人行为，从而能够取得较好的教育效果。另外，大学生虽然已经成年，但一些行为缺陷也显现了大学生心智还不够成熟、孩子气的一面，这就需要教师“对症下药”，及时加以引导、纠正。除此之外，大学生具有较强的可塑性和发展性，只要教师科学引导，就能够在机会教育过程中使他们成为一个个有爱心、有责任心的优秀人才。

大学生心理的脆弱性和可塑性决定了此类群体需要更多的关怀和引导，以人为本的理念着重于关怀大学生的个人心理，可以有效且高效地对大学生加以教育和引导。

三、有利于激发大学生的成长意识

在以人为本教育理念的指导下，教师尊重大学生在课堂教学过程中的话语权，给予大学生较多的参与机会、合作机会、探究机会，从而使大学生获得与教师积极互动、表现自我能力的机会和空间，这能够有效激发大学生的学习积极性、主动性和创造性。在大学生体验课堂学习过程中的合作乐趣和成功喜悦中的良好情感刺激后，就会形成较好的自主成长意识和自律发展意识，非常有助于大学生的科学发展。大学生思想政治教育工作是复杂又庞大的人文工程，而教师的一切努力只有大学生产生主动吸纳意识后才有意义，所以在思想政治教育过程中激发大学生的自我成长意识成为当务之急。

在大学生教育教学管理过程中，教师不能只靠“强制管理”的方式去进行教育，这样的教育效果可想而知。大学生教育管理的最高境界是开发大学生内心的自律意识来代替他律方式，让大学生养成自己管理自己、自己约束自己的良好意识和成长习惯，此时教育管理工作自然就会势如破竹、一气呵成。因此，在大学生教育过程中必须实现“以人为本”，强化大学生在认知提高中的主体地位，激发大学生自主发展和自律成长过程中的积极性、主动性和创造性，真正激发大学生的自我成长意识，实现大学生的科学发展。

第三节　高校教育教学中人本化教育模式的应用

一、高校教育教学应坚持以人为本的思想

当前我国高校教育正处于变革转型中，既面临着难得的发展机遇，也面对着严峻的挑战，而以人为本是高校教育发展的必然要求和客观结果。众所周知，社会发展离不开高等教育。教育从本质上就是以人为本位的，从教育自身的特性来看，教育是使人促进自我完善的实践活动，教育实践活动必然指向人的发展与完善，在高校教育中本就应该坚持以人为本的思想。

（一）以人为本是高校教育的真谛

1. 人是教育的中心

人是教育的中心，也是教育的目的；是教育的出发点，也是教育的归宿。教育的本质是一种培养人的活动，而高校教育的实施者是教师，受教育者是学生，如果没有“人”，教育就失去了其价值和意义。以人为本的提

出就要求高校教育重新审视人的意义和价值，找回失落已久的人的本质，使高校教育真正成为“人的教育”，恢复高校教育的本真意义。

以人为本的高校教育不仅要坚持以教育的发展为目的，还要尊重教育的规律，坚持教育的全面协调和可持续发展。高校应该把以人为本作为教育教学中首要的指导思想、教育方针和基本原则。总之，高校教育不仅仅是教学生固有的知识和文化，更应该培养学生的学习兴趣，真正做到一切为了学生，为了一切学生，关心学生，培养他们的责任意识和社会意识。

2. 传统的教育观不符合现代教育要求

高校教育必须贯彻以人为本的价值原则，因为以人为本是培养人的全面发展、构建社会主义和谐社会的基本前提和必要条件。教育是促进经济繁荣、社会进步和人性完善的手段，也是实现人的全面发展的基本途径。当前我国社会正经历着变革与转型，市场经济的负面影响和社会不正之风的侵入，使大学教育出现市场化的趋势，诸如“拜金主义”“享乐主义”“个人利己主义”等思想在高校教育中产生了不良影响。同时，一些高校存在教育目标忽视学生的全面发展与个性要求、教育内容忽视社会与学生的实际需要、教育方式忽视学生的主体地位与作用、教育教学评价只见分数不见人文、校园文化缺失人文品质和人性熏陶等一系列缺点。只重视传授知识，以知识为中心，忽视以人为本，忽视人的主体地位的教育，显然不符合教育的本质要求。而以人为本正是对高校教育工作中的非理性因素作出的方向性指导。新时期高校教育教学必须把握以人为本的原则，努力促进教育在育人方面的作用，真正实现以教师为主导、学生为主体的和谐教育教学管理模式，提高教育质量和办学水平。在当今的高校教育中，只有坚持以人为本的教育理念，充分发挥大学生的主观能动性，尊重学生的自由选择权利，才是真正回归教育的本质，才能真正实现教育的真谛。

（二）以人为本是时代的呼声和主题

1. 以人为本是市场经济的内在要求

随着经济全球化的深入发展，在现代社会科学和技术迅猛发展的形势下，国际竞争日趋激烈，社会主义市场经济建设不仅仅是一种经济改革，更是人们精神理念的升华，从而使人的发展成为最重要的问题。人的主观能动性是社会发展过程中的主要力量，社会的发展归根到底是人的发展，市场经济发展的根本意义是促进形成独立的个人，为人的全面发展创造必要的物质条件。在当今多元化的社会背景下，知识和技术更为突出，对人才素质的要求也越来越高，现在我国实行的市场经济能最大限度地发挥人的主动性、创造性和积极性。因此，在市场经济条件下，高校教育的发展更应注重个人价值的实现，在教育的各个领域都要体现以人为本。高校在培养人才的同时要把握社会主义市场经济的价值，强调人的能动性和创造性，发挥人的主体地位。在此基础上形成的以人为本思想是以人的发展为目标，符合当今社会对知识和人才的需求。

2. 以人为本是构建社会主义和谐社会的要求

构建社会主义和谐社会需要人来完成，人是社会的建设者和推动者，而以人为本正是建设社会主义和谐社会的本质要求。知识经济的迅速发展使教育水平不断提高，人们的创新能力和潜力得到充分释放。在现代社会发展形势下，必须使高校的教育和管理坚持以人为本，使高校教育为国家经济建设培养更多的专业人才。高校作为社会的重要组成部分，对构建社会主义和谐社会有着不可推卸的责任。高校的教育管理主要是通过对人的培养来促进人的发展和实现个体社会化，并且以此促进社会的发展。总之，只有坚持以人为本，高校教育才能培养出和谐发展的人，进而为构建社会主义和谐社会作出应有的贡献。

二、高校人本化教育实践内容

“以人为本”为大学生开辟了参与课堂教学、表现自我能力的实践机会，从而找到了师生力量完美结合的途径，也为大学生走出“被动学习、被动发展”找到了出路。

（一）贯彻“以人为本”理念

大学生的理解能力、推理能力和判断能力较强，如果教育教学工作不规范、课堂活动随意安排、评价标准不统一，大学生就会产生随遇而安、得过且过的心理，从而直接影响学生教育工作的质量。因此，高校要加强以人为本理念课堂教学的实际应用，激发学生的学习热情。

1. 更新教学理念

教学理念是教师对课堂教学的集中体现，也是教师对课堂教学的看法和已经形成的基本态度，更是教师从事课堂教学的信念。教学理念因其内容方面的差异又可被分为理论、操作和学科等几个层面，表现为既相互联系又能够独立存在的理论体系。由于教学理念是教师进行课堂教学的导航仪，也是教师实施教育的指导思想，所以教师应注意多进行理论学习，掌握以人为本理念的高层次营养，并且结合自己的思想教育实际实现理论指导实践，逐步提高高校教育教学的人性化、实效性和最优化，为大学生构建真正的、主体认知的课堂，有效释放大学生的认知潜能和发展本能。

在教育过程中，教师要利用现代教育教学理念武装自己，积极学习国内外先进教学理念，主动实践和探究一些全新的教学模式，构建新型教学平台，“亲其师而信其道，践其言而行其效”。在以人为本教育理念的指导下，教师能够尊重大学生的“生命权利”，主动为大学生构建人性化、互动型和参与型的课堂教学环境，积极缩短大学生与教师的心理距离，不仅能强化自身言谈举止对大学生的影响，更可规范一切教育教学行为，有条不紊地安排课堂教学活动，并且用教师强大的人格魅力和教育素材中的正能量共同促进大学生思想觉悟和道德意识的全面提高，大幅度提升大学生的精神境界，同时也能构建良好的师生关系。

教育过程是师生之间心灵撞击、情感交融与呼应的过程，情感的交融与呼应离不开平等、真诚、相互尊重和关爱。教育是一项伟大的情感工程，没有情感的教育是失败的。只有借助情感的能动和催化作用，受教育者才会愉快主动地接受教育。其中，爱心教育是现代教育理论应用于课堂教学的新型教学模式，是一种体现以人为本思想的教学平台。没有人会拒绝来自别人的关爱，大学生也是这样，教师要在学习上关心大学生，在生活上照顾大学生，在思想上体贴大学生。教师要做大学生的良师益友，与大学生手相牵、心相连，以朋友的身份引领大学生一起学习和发展，与大学生一起体验成长过程中的喜怒哀乐，构建良好的师生关系，使思想教育工作的高效开展成为必然。

以上都是以人为本理念的具体体现，通过此类理念的实践，可以加强学生与教师在课堂内外的联系，以促进教学工作的有效开展。因此，加强教师教学理念的更新有其必然性，理论的完善可以更好地指导教学工作。

2. 优化教学原则

（1）以公平公正为根本原则。在教育工作过程中，教师要秉承公平公正的原则，全面推进平等教育和素质教育，不放弃任何一个大学生，让所有大学生都有机会参与课堂教学，并且能够成为课堂学习的主人，真正实现大学生的全面发展。具体而言，教师在处理大学生思想问题的过程中要公正地对待每一位大学生，客观地分析问题的来龙去脉，以良师益友的身份面对每一位大学生，耐心地、毫无成见地处理大学生的思想问题。

（2）共性教育与个性教育相结合的原则。大学生经常遇到相同的成长困惑，需要教师给予类似的帮助。教师在教育过程中要善于总结大学生的共性问题，通过集体讨论的方式进行解决。而处理个性问题时不能使用集体讨论这一方法，个性问题只能个别对待、区别处理。个性问题具有一定的隐私性，而谈心是教师在思想教育工作过程中经常采用的工作方法，是师生之间推心置腹、开诚布公地进行思想交流的有效手段。

（3）显性教育与隐性教育相结合的原则。课堂是大学生教育教学的主阵地，是教师直接进行显性教育的责任田。在大学生教育工作过程中，教师的教育意图非常明显，教学行为的指向性也比较强，一切都是为了大学生能力和知识的提升。大学生具有非常敏感的内心，能够对外界事物及其氛围产生积极的反馈，在潜移默化中接受外界施加的积极影响。

3. 改进教学方法

教学方法是教师在教育理念指导下在课堂教学过程中所采取的一系列教学策略。换句话说，教学方法是教学理念的具体展示，是教师为完成教学任务主动实施的教学技巧。在课堂教学过程中，教师要注意教学方法的针对性，要符合大学生身心发展特点和认知规律的主体要求，主动成为大学生在学习与生活中的良师益友，通过构建良好的师生关系与大学生共同学习、共同成长，为大学生的科学发展创设科学的成长环境。

另外，由于现代大学生个性张扬、思想开放，对于新鲜事物的接受能力较强，而且大学生在身心发展方面已经成熟，具有较强的理解能力、逻辑思考能力和认知能力，对新时期大学生的教育教学就应该带有较强的时代特色，传统落后的枯燥说教形式难以激起大学生的求知欲望和自主发展的积极性、主动性。因此，教师在课堂教学过程中要正确理解和运用教学方法，更多更好地培养人才。

综合而言，教师在教学方法方面要突出以人为本，满足大学生思想发展的主体要求，可实施如论坛式课堂讨论、多媒体教学基础上的主题讨论、以情景剧为基础的情境教学和生活化教学，为大学生构建参与型、互动型、合作型和探究型的主题认知课堂，体现以人为本的教学理念，真正实现大学生的全面发展。

4. 完善教学过程

教学过程，即教学活动的开展过程，是教师根据一定的社会要求和学生身心发展的特点，借助一定的教学条件，指导学生主要通过认识教学内容从而认识客观世界的过程。大学生来自千家万户，所处的家庭成长环境千差万别，所以大学生的价值取向和思想意识自然也会大相径庭。大学生群体的多样性是思想教育工作的最大挑战，教师要注意完善教育过程，提高教育工作的针对性，促进不同大学生群体的全面发展。

5. 强化教学评价

教学评价是教师或学生对被评价者进行的主观评判，能够对被评价者起到评定和引导作用。在实际教学中，教师要通过教学评价引导大学生进行自主学习、合作探究和创新发展，还要通过多元评价给予大学生主动学习全方位的评价信息。此外，不仅要有教师评价，还要有生生评价，更要有自我评价，真正将课堂学习归还大学生，让大学生真正成为课堂学习的主人，全面激发大学生在课堂学习过程中的积极性、主动性和创造性，焕发大学生所固有的认知本能和创新潜能，有效促进思想教育工作的最优化发展。

此外，在教学过程中，教师的教学评价应该充满人文关怀，既充满关切之情，又能够从大学生的身心发展特点和认知规律出发进行合情合理的教学评价，用自己的评价语言肯定大学生取得的成功，从良师益友的角度指出大学生思想发展过程中出现的不足及形成的原因，站在大学生的立场上考虑问题、分析问题和解决问题，真正发挥教学评价的积极作用。

（二）阶段性实践教学

大学生是优秀文化的传承者，肩负着建设祖国、服务人民、贡献社会的神圣使命，需要经历一段任重而道远的百炼成钢之旅。因此，大学生教育工作要拥有分阶段、有层次、循序渐进的培养过程，确保教育教学的实际效果。

1. 前期制度教育

大学生思维活跃、个性开放，一些大学生的制度意识可能不强，所以培养他们的制度意识是教育教学的第一步。为此，教师可以从培养大学生遵守班规班纪的意识开始进行教育。首先，组织大学生商讨本班的班级公约，以此作为全班学生的行为规范，班级公约对本班的任何人都具有约束力。其次，组织班委会实现本班学生的日常管理，由班长领导班委会成员一起讨论决定本班学生思想问题的处理工作。最后，淡化班委会的日常管理功能，强化大学生的自我管理，实现自律成长和自主发展，激发大学生的主动意识，实现教育目标。

没有规矩，不成方圆，让“有所为”和“有所不为”在大学生的思想中牢牢扎下根，使其拥有判断是非对错的科学标准。因此，在大学生教育工作的前期应该以制度教育为主，让大学生知道哪里是禁区。制度教育能够培养大学生的制度意识和法律意识，使自觉守法成为可能。

2. 中期养成教育

意识在于培养，习惯在于养成，大学生良好的思想意识取决于教师潜移默化的养成教育。

第一，在制度执行过程中要坚持以人为本的原则，充分尊重学生的主体地位，激发大学生在思想发展和觉悟提高过程中的积极意识，培养大学生对制度主动悦纳的良好情绪，消除大学生对规章制度的逆反心理和抵触情绪，引导大学生理解规章制度对个人成长及社会和谐的积极作用，从而使刚性制度柔性化和趋于人性化，能够加速规章制度对大学生个人行为的影响，使遵守制度逐渐成为大学生的自觉行为，引导大学生进入自律成长的良好状态中。另外，由于大学生的身心已经发展成熟，教师可以引导大学生在各抒己见、畅所欲言中交流思想、沟通认识，实现集体学习、共同发展。

第二，通过一系列教育活动让制度成为大学生头脑中的“火车道”，让大学生自觉按照火车道的指引健康成长、快乐生活。制度教育由于内容较多而略显烦琐和说教，只有通过课堂活动让大学生在活学活用中使用制度、掌握制度、内化制度，才能够真正让制度意识“存活”于大学生的思想之中，使大学生的言谈举止、待人接物等社会交往行为符合制度要求和法律允许。

3. 后期竞争教育

大学生思想开放、活泼爱动、表现欲强、喜欢竞争，适合教师开展竞争教育。为此，教师可以开办“时代精英大比拼”活动，激发大学生的效仿意识和竞争意识，积极向楷模学习，在自律和自纠中发展自己，并且在日常生活中注意寻找“展现人性本善”的机会，主动帮助他人，努力做一个对社会有益的人。竞争能够强化大学生自我发展的动力，能够加速大学生的个性成长。

此外，不但需要课堂活动帮助大学生“消化和吸收”制度内容，还要进行一系列的竞争活动，使大学生教育工作得到再重复和再强化，真正使大学生的遵纪守法成为一种自觉行为，从而实现大学生教育工作的最高要求。总的来说，组织大学生进行思想政治教育常识学习比赛，有利于激发大学生的学习热情，大幅度推进大学生对思想政治教育的深入思考与探究，大学生在比赛、讨论中能够表现和交流彼此对制度的感知，从而有利于教育效果的提升。

三、高校人本化教育实践原则

教学原则是为教育目标服务的，教育目标又离不开时代发展的要求。新时代要求高校培养的人才是朝气蓬勃、敢于担当、有独立见解和创造精神，懂得怎样同别人配合的人；在德、智、体、美、劳诸方面能生动活泼、主动发展的人；符合并践行教育的“三个面向”要求的人。要想把大学生培养成能反映时代特色的具有更高层次人生境界的人，就必须以大学生的自身生存意义、个性发展需要和主体性特征的弘扬作为教育的出发点和归宿，在教育教学中坚持实践性、主体性、开放性、人文性、批判性等基本原则。

（一）实践性原则

教育是培养人的实践活动，也是为人的价值和人的现代化服务的。而人的价值就在于人的实践能力（通俗地讲就是人的整体素质的高低）的大小及其对象化程度与水平（即对社会的作用与影响）。人本化教育教学的目的就是促进人的自我发展和自我完善，实现“价值人”的现代化。研究马克思主义思想可知，强调“人”作为主体的实践性是马克思主义的根本观点之一。在我国社会主义市场经济体制确立之后，市场经济将为每个人自然需求的满足提供同等条件和机会，在这一实践过程中为满足人的价值需求而激发的主动性、创造性、竞争性等积极进取的一面，无疑是人性解放的重大进步表现，这不仅符合人性的价值目标，而且是历史的必然。为此，我国必须立足于当代社会实践和高校教育的具体实际情况，积极构建人本化的教育教学理论体系，使人本化教育成为我国高校教育实践领域中的一种观念形态和“人”的现代化的精神动力。

（二）主体性原则

主体性原则就是把学生作为教育活动中的自觉能动的主体，通过创设和谐、宽松、民主的人本化教育教学环境，培育和发展受教育者的自主性、能动性、创造性等一系列的主体性特征。在人与环境的复杂关系中，人既是受动的，又是能动的。只有“人”才能积极能动地作为主体来自觉地利用环境、掌控自己，使自己与环境有机地融为一体。由此可见，只有从人的主体性存在、活动和发展出发，理解人与环境的关系和人在环境中的地位，才能真正理解人对环境的自觉能动掌握和人的主体能动性。因此，人本化教育教学的核心就是增强学生的主体意识，塑造学生的主体人格，发展学生的主体能力，最终实现学生与自然的和谐统一、学生个体发展需要与社会发展需要的辩证统一。尤其是在人的主体性的弘扬已成为时代精神内核的今天，教育者应如何根据大学生的主体特点创设人本化的教学方式、教学方法、教学模式呢？教会这些即将投身于国际、国内市场经济大潮中的作为自身和环境主体的大学生“学会认知”（learning to know）、“学会做事”（learning to do）、“学会共同生活”（learning to live together）、“学会生存”（learning to be）的技能，已成为势在必行之事。

（三）开放性原则

对外开放是我国长期的基本国策。当前，我国已经形成了多层次、多渠道、全方位开放的新格局。开放型社会需要具有敏锐的观察力、准确的判断力、开放型思维和多维智能结构的人才；需要能在这样一个信息瞬息万变的社会中，用新思维方法对信息进行及时捕捉、筛选、吸收和运用的人才；需要能适应开放型政治体制、经济体制和生活模式的人才。因此，在我国社会生产力高速发展和社会全面进步的大好形势下，在“以人为本”

的时代背景下，我国高等教育改革势在必行，亟需树立开放的教育观念，选择和探讨人本化的教育方式和方法。

（四）人文性原则

教育人本化乃是敞开学生内因大门的一把金钥匙，能使学生主动积极地把外部的东西转化为自己主体内部的东西。在现代教育背景下，我国高等教育教学应按照人文性原则，立足现实、面向未来，在对传统的人本教育思想进行批判和继承的基础上，积极推动我国高校人本化教育教学的实施。

（五）批判性原则

从古至今，许多教育家对“人”的教育、人生的意义和价值进行了探索，提出了许多合理的至今仍有启发意义的思想观点。例如，我国的“天地之性人为贵”和“天人合一”的观点、“民为邦本，本固邦宁”的民本主义思想、“天行健，君子以自强不息”的人生态度等，都体现了我国的民族精神，我们应进一步继承和发扬。古希腊的“认识你自己”“和谐发展”的教育思想，近代西方自然主义和人本主义关于人的自由发展及以平等、博爱为中心的人道主义思想等，都包含着积极的思想因素。我们可以借鉴其他国家的优秀教育方式方法，本着吸收、使用、批判、发展的原则，结合现实情况，在具体的情境中创造和使用新的教育模式。

综上所述，现代人本化教育教学思想是不断发展的，它注重学生的个性交往、情感交流、独立创造等；以学生个人价值的实现、情感体验的满足、创造力的激发为教学宗旨；注重课程设置价值、人文知识和道德价值等；教学活动注重教师“教”的启发和引导及学生“学”的体悟和领会。尽管由于政治、经济、文化和宗教等因素，人们对人本化教育褒贬不一，但无论如何，当代的一系列教育改革运动，诸如“创造教育”“差异教育”“合作教育”“非指导性教学”“和谐教育”等，无不从人本主义那里吸收了丰富的养料。

第三章　高校教育教学中的翻转课堂教学模式

第一节　翻转课堂的关键要素及准备

在正式开展翻转课堂教学之前，有几个关键要素是教师需要加以认真考虑和对待的，这些要素对于成功实施翻转课堂教学至关重要。

一、翻转课堂的关键要素

（一）翻转课堂的课程模式

我们认为可以从两个角度理解翻转课堂。一是从教学模式的角度理解翻转课堂，这也是最普遍的对翻转课堂的认识。区别于传统的“课中讲授＋课后问题解决”的教学模式，翻转课堂采用的是“课前视频＋课中问题解决”的模式，在具体的操作方法上与传统教学方式具有很多不同之处。二是从课程模式的角度理解翻转课堂，包括课程目标、课程内容、课程实施和课程评价等方面。我们认为要成功实施翻转课堂，不能简单地从教学模式的角度理解翻转课堂，而应该认识到翻转课堂是一种课程模式的改变，实施翻转课堂需要从课程的各个方面进行重新设计和调整，才能保证翻转课堂的顺利实施及其教学效果。

从课程的角度认识翻转课堂，意味着实施翻转课堂需要从课程的各个要素加以考虑和设计，而不仅仅是把翻转课堂看作教学方式的改变。如果只从教学方式的层面理解翻转课堂，就会认为课堂的翻转就是录制几个教学视频，让学生提前学习，然后在课堂上组织讨论和探究。这是对翻转课堂狭隘的认识，通常会导致教学效果不佳。作为一门课程，需要从课程的目标、内容、实施、评价等方面入手，结合翻转课堂的理念和要求，对课程进行重新设计和编排，制订教学大纲和教学方案。

1. 课程目标和教学目标

课程目标是指导整个课程编制过程最关键的准则。课程目标的确定需要综合考虑教育目的、培养目标、学生特点、社会需求、学科发展等方面的因素，只有在综合考虑这些因素的基础上，才能确定科学合理的课程目标。课程目标要明确且具有可操作性。泰勒提出课程目标应包括内容和行为两个方面。内容是与学科相关的具体内容。行为包括理解、熟悉、解释、运用、研究和报告、兴趣、社会态度等方面，如“培养学生对现代文学的鉴赏能力”“培养学生用统计学知识解释日常生活现象的能力”。

在实施翻转课堂之前，教师必须明确本门课程具体需要达到哪些目标，尤其是明确什么样的目标才对学生和社会的发展有益。只有把课程目标思考清楚了，才会明确课程的方向，课程的内容、实施、评价才有导向。

确定课程目标之后还需要进一步确定课程的下位目标，即教学目标。教学目标是课程目标的进一步具体化，是指导、实施和评价教学的基本依据。布鲁姆对教育目标的分类理论可以用来帮助教师制定教学目标。布鲁姆提出，教育目标可被分为认知、情感、动作技能三个领域。布鲁姆主要是对认知领域的目标进行了重点论证。认知领域的目标从简单到复杂、从低级到高级又可被分为六类：知识、领会、应用、分析、综合、评价。布鲁姆进一步把这六类目标分为两个大类：第一类是知识；第二类是理智的能力和技能，包括领会评价的五个目标。理智的能力和技能要以知识为基础，知识又必须上升到理智与技能的高度才能成为人的发展的有机组成部分。因此，理智的能力和技能更加重要。

布鲁姆的目标分类学具有三个方面的特征：一是用学生外显的行为陈述目标。只有具体的、外显的目标，才是可测量、可评价的。二是目标是有层次结构的。由简单到复杂按序排列，后一类目标建立在前一类目标的基础上。三是目标分类学是超学科内容的。不论哪一门学科，不论哪一年级，都可以把目标分类学的层次结构作为框架，加入相应的内容。

总之，在实施翻转课堂教学之前，首先要求教师分析并确定课程目标和教学目标，清晰、合理的课程、教学目标对于后期翻转课堂的教学内容、实施和评价等至关重要。什么样的目标决定了选择什么样的内容，决定了使用什么样的教学方式，决定了教学的评价方式和标准。①

2. 课程内容

课程内容是指各门学科中特定的事实、观点、原理、问题及处理它们的方式。课程目标能为课程内容的选择和组织提供一个基本的方向。不同于传统的课程内容，翻转课堂课程内容的主要特点表现为基于系统设计的碎片化内容。碎片化是当前慕课和在线学习资源的一个主要特点，知识点之间相互联系又相对独立完整，共同组成一门课程的内容。教师需要根据这些特点，重新思考整门课程内容的选择和组织，开发符合在线学习特点的课程资源。

3. 课程实施

课程实施即教学。翻转课堂作为一种教学模式，提出了“课前视频学习＋课中活动探究”的方法，但这种模式可操作性不强。在实际进行翻转课堂教学的时候，教师需要一套具体的教学实施方法，把线上线下、课内课外、课前课中课后的教学活动综合起来，以使翻转课堂的教学效果最大化。教师还需要根据本门课程的具体情况和实际条件（如课程的性质、学生的数量、学校的网络条件），确定一套具体可行的翻转课堂教学方案，以在实际教学中加以实施。

---

① 郭建鹏．翻转课堂与高校教学创新［M］．厦门：厦门大学出版社，2018.

4. 课程评价

课程评价是一个确定课程与教学计划实际达到的教育目标的程度的过程。这里特指对教学效果的检查，对照教学目标描述的评估标准，检查学生是否显示了相应的能力和技能，也称教学评价。教学评价是教学过程中不可缺少的环节，有着非常重要的地位和作用。教学评价具有诊断、甄别、选拔、强化、调节和教学等作用，可以通过对教学效果的检查、分析、评定，了解教学的各方面情况，并且作出符合实际的判断和评价；可以通过教学评价鼓舞和监督学生学习；可以通过教学评价对下一个教学过程进行调节和修改；可以通过教学评价培养学生相关的知识和能力。

通过对上述课程目标、课程内容、课程实施和课程评价的分析和设计之后，教师最终将形成一份教学大纲，即教学实施方案。一份设计合理、科学的教学大纲是实施翻转课堂的重要基础。

（二）翻转课堂的视频

前面我们已经提到视频是翻转课堂的一个必要条件，对视频在翻转课堂中的作用需要有一个清晰的认识。

第一，翻转课堂的视频承载着知识教学的功能，对其作用要予以充分重视。翻转课堂的视频内容主要体现为传统课堂的教师讲授部分，以知识的记忆和理解为主要目标。学生通过对视频的观看和学习，能够形成比较好的知识基础，从而为进一步接受线下教学打下必要的基础。从这个角度理解，视频的知识讲授只有达到或超越传统课堂中教师讲授的教学效果，才能保证翻转课堂的教学效果。

第二，翻转课堂的视频形式和标准可以多样化。虽然我们鼓励教师自己录制视频，因为教师自制的视频最符合教学实际和学生水平，比较亲切，容易受到学生的欢迎，但是也应该认识到录制视频对很多教师而言是不小的障碍，要耗费大量的精力。因此，教师也可以使用已有的教学视频，或者综合自制和线上视频资源，形成课程的教学资源。此外，不同视频的质量差别很大，有花费大量金钱和精力精心制作而成的高品质视频，也有教师通过自己的电脑简单录制的教学视频。教师应该认识到，不是越精美的视频教学效果就越好，最重要的还是整个教学设计和内容，制作简单的视频也完全可以满足教学要求，国外一些有名的慕课就是通过简单设备录制而成的。判断视频是否满足教学要求，主要是看视频能否完成知识教学的任务，而判断的依据就是教师本人。

第三，对翻转课堂的视频有特定要求。与以往的精品课、公开课不同，翻转课堂视频一个主要的特点就是短，时间在 10 分钟左右，最长一般不超过 20 分钟。视频围绕着一个概念、原理、话题，相对独立、完整且相互联系，每节课由多个短视频组成。此外，翻转课堂的视频在形式、风格、音像等方面也需要加以考虑，我们将在后面的实施部分进行详细介绍。

（三）翻转课堂的课堂活动

成功实施翻转课堂，教师需要精心设计课堂活动，这对教师的能力提出了较大的挑战。在传统课堂中，教师只需要“照本宣科”把提前备好的课讲完，就算完成教学任务。而在翻转课堂中，教师原来课堂上讲授的内容已经被录制成视频提前让学生学习了，课堂时间不可以再重复讲授知识，而应该用来进行问题解决和活动探究。但是，对于相当一部分把自己定位为知识传授者的教师来说，反而不知道如何好好利用这宝贵的课堂时间，造成了课堂时间的浪费，丢失了翻转课堂的精髓。因此，教师如何利用、安排好课堂时间，设计合适的课堂活动以达到教学目标，对翻转课堂成功与否至关重要。我们将在后面介绍一些具体的方法。

（四）翻转课堂的在线教学平台

成功实施翻转课堂，需要有一个在线教学平台。教学平台最主要的作用就是可以把教师的视频放到平台上，供学生下载和学习。一个在线教学平台可以很大程度地提高教学效率，教师除了把视频上传到在线平台，还可以在上面设置课程目标、教学活动、教学测验、互动讨论等，完善之后就成为一门慕课，即把整门课程搬到网上。如果是校内平台，此时的慕课就叫小规模专属课程或私播课。慕课是大规模开放的在线课程，私播课的范围在校内，规模小，不面向校外学习者开放。因此，慕课、私播课与翻转课堂的关系是慕课、私播课是翻转课堂的线上部分，主要是让学生通过线上完成知识学习部分。

在线教学平台除了提供基本的观看视频的功能，还可以充分利用信息技术促进教学，如教师可以布置作业让学生完成，学生可以在线提交作业，作业可以进行互评，可以针对某个议题组织生生之间、师生之间进行讨论，教师可以通过公告或邮件发布信息。此外，还可以通过科学技术监控学生的学习情况，通过学习分析技术发现学习难点。教师可以根据学生线上学习的情况进行具有针对性的个别指导。更理想的情况是，可以通过网络和人工智能实现自适应学习，做到个性化学习，如可汗学院就在平台上提供了大量的微视频和详细解答的测试题目，并且通过激励工具和知识地图为学生的自主学习提供学习路径，从而显著提高了教学成效。

（五）翻转课堂的教室

翻转课堂通过把知识教学部分外移解放了课堂和教室，使教室可被用来进行有意义的深层活动。为了满足这种需求，作为教与学主要场所的学校教室也应该有所改变，教师应该对传统的教室进行重新布局，打破传统班级授课制“以教师为中心”的教室格局。一个最基本的要求是教室的课桌椅要能够自由移动，以满足师生进行讨论交流、分组合作、探究活动的需要。

二、翻转课堂的准备

（一）选择课程并确定课程内容

选择一门实施的课程是进行翻转课堂教学的第一步。原则上，翻转课堂对于文理科课程都适用，教师可以根据自己的实际情况选择一门课程实施翻转课堂教学。

虽然翻转课堂适用于多种课程，但是在初次尝试翻转课堂时，教师最好能够选择那些专业核心课程，而且最好是小班教学。因为对于这类课程而言，学生的学习积极性更高，班级也更容易管理，比较容易实施翻转课堂教学。

选择好课程之后，就要确定课程内容。传统上，课程内容按照学科逻辑被组织在一起，形成章节结构，每一周讲授一个章节的内容。在翻转课堂中，教师可以把课程内容分成几个大的模块，在每个模块下面分出若干个主题，每个主题又可被细分为若干个知识点，知识点之间既相互联系，又相对独立完整。将一个或几个知识点拍成一个微视频，围绕一个概念、原理或话题，每个主题为一次课的内容，每次课包括多个微视频。因此，翻转课堂的课程内容具有两个特点：一是碎片化。这是翻转课堂和慕课视频资源的共同特点，只有足够碎，才是可扩充且容易组织和调整的。教师可以根据教学进度调整这些资源，学生也可以根据自身实际需求选择学习这些资源。二是系统性。知识点虽然是碎片化的存在，但是作为一门课程，知识点之间还要求具有内在的逻辑关系。通过对一门翻转课堂的学习，学生能掌握系统的学科知识。

（二）设计教学大纲、教学方案和教学课件

教学大纲也被称为课程标准，是对课程教学质量的重要保障。教学大纲是根据教学计划以纲要的形式编定有关学科教学内容的教学指导文件，它规定了学科的教材范围、教材体系、教学进度和教法上的基本要求。教学大纲体现的是系统化、标准化的教学设计，是教师按照教学系统化设计的流程对课程进行精细化设计的结果。教学大纲通常包括对教学目标的分析，对课程内容结构、学习资料的选择和编排，对教学活动的要求、指导、评价标准；对课程参与、评分的要求；对教学伦理、教学日程的安排；等等。教学大纲阐明了教与学双方的责任，便于提前分配学习和教学时间。

实施翻转课堂教学需要从课程的目标、内容、实施和评价等方面对课程进行设计和调整，而这些都体现在一份教学大纲上。我国大学的本科教学目前还没有形成系统化的教学设计，很多大学课程的教学大纲只是采用教材的章节结构介绍课程，缺少课程目标、教学活动、教学评价、教学日程、教学规定等要素，可实施性比较差。翻转课堂对课程的教和学提出了更高的要求，客观上更需要一份完整、合理、科学的教学大纲。

教学大纲是针对整门课程的实施方案。教学方案简称教案，是针对每次上课的授课方案。教案可被看作教学大纲的进一步具体化，主要围绕着教学目标设计教学活动。根据翻转课堂的特点，翻转课堂的教案主要由两部分组成：课前视频教学方案和课堂教学活动方案。

除此之外，还需要准备录制、编辑教学视频，准备在线教学材料。待上述工作准备就绪，就可以正式开始实施翻转课堂教学了。

第二节　翻转课堂的实施

一、课前准备活动

虽然翻转课堂要求学生首先在课前完成视频的学习，但是为了提高视频学习的有效性，我们建议教师设计课前准备与导入活动，让学生在观看视频之前先完成。课前准备活动主要有以下两个作用：

第一，提高学生学习的兴趣和目的性。认知目标是形成学生学习动机的一个关键因素，个体只有对未来的学习目标产生期待时，才会产生有意义的学习。研究表明，学习的过程通常是从整体到部分的过程，学生了解了学习的总体目标之后再进行分解学习的时候就会更有方向性和目的性，学习效果也会更好。在传统教学中，学生的学习很多时候是盲目的，不知道为什么要进行相关的学习及学习某个内容的价值和目的是什么。因此，我们建议在实际教学中，教师要通过课前准备活动先让学生明确学习目的，使其对未来的学习结果产生一种积极的期待。如果教师通过课前导入活动在正式教学之前告诉学生本次学习的目的和作用是什么，就能激发学生学习的兴趣，让他们的学习具有指向性。

第二，课前准备能为之后的视频学习打下良好的基础。翻转课堂其实只是把传统课堂的“教师讲授＋学生解决问题”进行前移，教师讲授由课中前移到课前并表现为视频形式，学生解决问题由课后前移到课中。在教学形式的顺序上，翻转课堂与传统课堂还是一样的，都是“先讲后练”的顺序，并没有进行翻转。大量的研究都表明教师的讲授是需要一定的时机、条件或基础的，讲授要发挥作用需要学生具备一定的先前知识，学生在努力思考、探索、挣扎过某个问题或情境之后能更好地理解教师讲授的内容。虽然学生在接受讲授之前进行的问题解决和探索可能是不成功的、不正确的，但是这种尝试有利于图式编码和整合，能够帮助学生认识自身先前知识的不足，还能通过对比正误解法让学生注意到学习的关键特征，从而为之后接受教师系统地讲授打下必要的知识基础。

二、课前教学视频

在完成课前准备活动之后，学生需要在课前、课外自学教学视频。翻转课堂的教学视频可以是教师自己录制的，也可以是他人录制的。教学视频形式可以多样，内容主要反映的是教师在传统课堂中的讲授部分，视频学习部分主要对应的是前面制定的知识性教学目标。这部分目标的实现并不需要在实体课堂中接受教师的实时现场指导，或者与同伴进行互动合作。大学生通过自学教学视频就可以在很大程度上完成对知识的记忆和理解。此外，在这个环节还可以充分利用信息技术和多媒体的优势，让整个知识的教学过程更加有趣、生动、高效率。从知识性的目标来说，一个制作良好的教学视频或在线课程，其教学效果可以达到甚至超过教师在实体课堂的讲授。即使是一个质量一般的教学视频，也能在很大程度上完成对知识记忆和理解的目标。

翻转课堂的课前教学视频与慕课对视频的要求类似，主要特点是系统设计的碎片化学习。由于大多数教师并不擅长视频拍摄，一开始可能会不习惯，也会花费比较多的时间，这就需要学校配备相关的技术支持，负责部分课程技术工作，让教师能集中精力于教学设计上。另外，随着工作的熟练和经验的增加，教师也会越来越适应视频的拍摄。视频被拍摄完成后，可以在以后的教学中不断反复使用，教师只需要进行适当的修改和补充即可，将不会再明显增加教师的工作量。未来制作教学视频或将变得像现在制作教学幻灯片一样，成为教师必备的一项基本技能。课程的教学视频将取代目前的纸质教科书，成为视频教科书，供学生课前学习。随着技术的发展，未来这种设想很可能成为现实。

三、课堂视频回顾

学生完成线上视频学习之后，就进入线下实体课堂进行学习。通过教学视频，翻转课堂把知识的学习移到课外，大量的课堂时间可以被用来进行问题解决、合作探究等活动。翻转课堂强调教师不能像传统课堂一样，把大量的课堂时间用于讲授，尤其不能一味地从教师自身或学科的角度出发，单向地进行直接传输教学。因此，有些教师可能会在线下上课的时候，马上给学生呈现问题进行解答或布置活动进行探究。

四、课堂知识测试

教师带领学生回顾完视频之后，就进入课堂知识测试部分。翻转课堂的先驱伯格曼和萨姆斯最早使用翻转课堂进行教学改革的时候，就是在课堂上让学生在教师的监督和指导下完成家庭作业的。教师通过作业考查学生课前视频的学习和掌握情况，然后针对学生在做作业中出现的问题进行指导和讲解。类似地，本部分的测试就是教师通过提前设计好的问题考查学生课前对视频内容的学习效果，主要还是针对知识性的教学目标。

五、课堂活动探究

课堂测试之后，就进入课堂活动探究部分，教师需要设计相关的课堂教学活动以完成前面制定的能力性教学目标。如前所述，翻转课堂的最大优势在于当直接讲解被移到课外之后，有限、宝贵的师生面对面上课时间得以最大化，教师拥有了每次上课都能与每个学生进行一对一交流的机会。大量的课堂时间可以被用来互动、探究、问题解决和个别化指导，进行高水平的认知活动（应用、分析、评价和创造）。如何有效利用这些上课时间创设有意义的学习活动，让学生深层次地参与到课堂学习中，就成为翻转课堂能否有效实施的关键，也是对教师能力的重大挑战。

六、课堂总结提升

在完成课堂测试和活动探究之后，教师需要对整个教学过程和内容进行总结，提升学生的学习效果和认识。学生从最初的课前准备活动到学习各种教学视频，再到课堂回答问题，进行活动探究，整个学习过程内容丰富、时间较长，对于很多学生来说，可能无法完全把握重点。因此，教师最后需要进行适当的总结、归纳和提升，帮助学生提炼最核心的学习内容，以形成完整的认识。此外，教师也可以利用课堂最后的时间开始下一个翻转课堂教学循环，进行下一次课的课前准备和导入活动，引起学生的学习兴趣，或者布置课前探究活动，为下一次的视频学习做好准备。至此，整个翻转课堂教学的闭环形成。

第四章　高校教育教学中的混合式教学模式

随着时代的发展和技术的进步，基于信息技术、网络技术的多种新型教学模式被应用到高校教学中，混合式教学就是其中的一种。为了帮助读者对该教学模式有一个全方位的认识，本章主要介绍混合式教学的内涵、特征，以及高校混合式教学的优势与要素、高校混合式教学的理论基础这几个方面的内容。

第一节　混合式教学的内涵与特征

一、混合式教学的内涵

混合式教学在英文文献中以 Blended Learning 表示。Blended 可以被解释为“结合、混合或融合”，而 Learning 强调学生学习的积极性和主动性，有的中文文献中将其翻译为“学习”，有的也翻译为“教学”。本书强调从教师教学的角度探讨，所以将其翻译为“混合式教学”。

过于宽泛的定义一方面无法厘清混合式教学的本质，另一方面缺乏可操作性。目前，学术界对于混合式教学的普遍认识：混合式教学包括面对面学习和在线学习两个部分，是二者的结合。

二、混合式教学的特征

混合式教学随着时代和环境的改变得到了不断完善和发展，其囊括的教学模式、教学方法、教学内容等越来越多样。由混合式教学的定义就能看出其“多元”的特征，其是“教”与“学”多种要素的整合，是多个教学维度的有机结合。另外，混合式教学的理论基础也是多元的，包括学习社区理论、学习共同体理论、深度学习理论等。

企业培训使混合式教学得以产生。之后，一些国家开始将其应用于教育领域，如中小学教学和高等教育教学、教师培训等。该领域的探索与实践研究表明，混合式教学是非常有效的教学模式。混合式教学的应用和研究领域极为广泛，教育国际化和信息化的一个必然产物就是混合式教学。在教育领域中，混合式教学的时代性备受关注。另外，随着科技的发展和教育技术的不断更新，混合式教学被赋予了新的科技内涵。具体而言，混合式教学的特征体现在以下几个方面：

（一）混合性的课程教学平台

混合性的课程教学平台可以有机结合平台资源的呈现、使用及反馈功能，并且集成在线网上教学、教学管理、网上互动答疑等多个功能，既能够获得多元化和系统性的教学资源，又能科学统计和监控学习者的学习过程和学习行为，同时还能打破教与学空间、时间的局限性等。由此可见，该教学模式的特征主要体现在各种教学要素的融合上，如教学资源、互动、监督、评价等。

（二）混合性的线上资源

线上资源类型众多，从内容特点来看，主要被分为任务性、生成性、知识性、指导性等类型的资源；从形态特征来看，主要包括静态和动态两种资源。混合性线上资源主要是混合以上资源，以此建立一个互助互联的学习链，如观看指导性资源解决疑难杂症、用生成性资源展示学习成果等。

（三）混合性的学习方式

其具体体现在引导学生混合线上和线下学习、混合教师指导和学生自主学习、混合小组学习和个人学习、混合课堂和网络教学等，学生可自主灵活地选择学习时间和地点，进一步提升学习效果。

（四）混合性的教学过程

混合式教学要求发挥线上和线下教学的优势，并且有机混合两种教学方式，革新以往的教学模式，改变教学过程中单纯知识讲授的方式，提高学生学习的参与热情，缩小学生之间学习结果的差异。

（五）混合性的考核方法

混合性的考核方法主张同时考核学生线上与线下的学习过程和学习结果、校外校内教师的教学情况及理论和实践内容等，不仅具有客观性、全面性和系统性，还会在课程平台上及时给学生反馈考核结果，让学生能明确掌握自身的学习情况，并且具有针对性地加以纠正。

第二节　混合式教学的优势与要素

一、混合式教学的优势

（一）有利于发挥集合优势

混合式教学模式可以将传统教学模式和新教学模式的优点相结合，相互学习，系统思考，对各种方法、各种教学策略、不同课程等进行整合。这样不仅能够挖掘教师的教学技能和专业知识，在整个教学过程中发挥教师的主导作用，还能够彰显学生的主体地位。同时，教师将先进的教育技术、教学设施等集合起来，为学生提供更加高效、方便的教学环境和手段，就某种程度来说，混合式教学模式对教师提出了更高要求。

（二）有利于高效互动课堂的建立

传统教学模式主要以教学活动为主，教学内容主要是从教师向学生的单向知识转移。学生很少参与到课堂活动中，也很难实现课堂的互动交流。教师传统的教学方式缺乏灵活性，显得过于模式化。在混合式教学模式下，教师采用先进的教学工具、教学设备开展教学，可以实现师生之间、生生之间的交互，有机会解决更多教与学中的问题。

在传统教学模式中，教师很难从学生那里得到全面、准确的反馈。在混合式教学模式下，教师通过利用相关软件平台，结合线上与线下教学环境，能够为教师与学生提供全面的、及时的教学反馈，帮助教师快速解决教学过程中的出现问题和学生存在的困惑，使教师不断提升教学效果和效率。

（三）有利于个性化学习

学生可以选择符合自己个性的学习方式，更好地激励他们参与到课堂活动之中，便于学生之间进行协作，也为学生提供更多的时间，拓展他们的学习空间，帮助他们进行个性化的深度学习。同样，灵活选择也是一种深度学习，是一种创新的学习方法，能够帮助学生取得更好的成绩。

二、混合式教学的要素

（一）教育者

教学是教师教授、学生学习的统一活动。在这一活动中，教师和学习者扮演着不同的角色，具有一定的地位，彼此也会相互作用。教学模式不同，其师生组合的形式也会不同。例如，在混合式教学模式中，教师是学生活动的指导者、协作者，其扮演的角色是对学习者进行帮助和指导，而学生作为学习者是在教师的指导下完成学习活动的，是自己学习的监控者、探究者和知识意义的建构者。

（二）教学环境

教学环境即教与学发生和发展的环境系统，会受多种因素的制约。在信息化时代的今天，教学环境也被赋予了新的内涵和特征。良好的学习环境可以激发、推动和强化学生的学习行为，有利于其掌握知识、巩固学习成果、发挥个性和才能，所以能否创设有效的教学环境直接关系着学生的整个学习活动。

1. 网络学习环境的概念和功能

教学环境的创设需要联系具体的学习情况，以及对其他教学要素的影响，应服务于多种教学目的，如情感目的、实用知识目的、行为变化认知目的等。随着信息技术在高校教育中被广泛应用，计算机网络学习环境已经成了影响学生发展的一个重要学习环境。但是，因为在环境建设和维护运行方面存在较多问题，使这些花费大量人力、物力和财力建立的学习环境的使用效果不尽如人意。

一个有意义的网络学习环境通常包括很多要素，如校方制度、教学法、技术支持、评价方法等，这些要素既相互关联，又彼此独立。网络学习环境的含义分广义和狭义两个方面。从广义层面来说，网络学习环境是指学习场所和学习媒介所营造的学习环境。从狭义层面来说，网络学习环境即由应用软件、程序语言等设计的网络交流平台。物理环境、社会环境和规范环境构成了虚拟学习环境。

总而言之，网络学习环境应该是一种综合、动态、平衡的环境，需要具备兼容系统内部各要素的功能，这主要取决于生态环境的特点；需要具有制约学习活动，使要素具有互相作用、互相依赖、互相转换的功能，这主要取决于系统论的环境特征；需要具备影响个体发展的功能，这主要取决于环境心理学的环境观；更要具有文化促进功能，这主要取决于教育环境的文化特征。理想的学习环境需要具有两个基本条件：一是可以稳定学习结构，兼容学习要素；二是可以制约学习运转，促进个体发展。同时，教学环境原本是一个系统，因为它是由许多互相联系、互相作用的部分（要素）按照一定层次和结构组成并具有特定功能的有机整体。在该系统中，各个教学要素均具有特定的功能，它们相互竞争、相互作用、相互依存，进而形成一个健康有序的状态。

2. 学习管理系统

近年来，高等教育越来越广泛地使用互联网资源，尤其在开发和应用教育科技和各种学习管理系统时。高等教育对学习管理系统的使用率极高，一些教师和学生甚至会自己研发一些系统或平台。例如，2009 年，美国华盛顿大学的 3 名研究生建立了云协作教育平台 Schoology。科学的学习管理系统可以使教师较为轻松地发布作业、测验及分享一些学习资源，还能开展在线课程教学，提供一对一的补习或教学讨论。例如，美国密涅瓦大学借助互联网的力量自己开发了一套教学系统——“主动式学习平台”（Active Learning Forum，简称 ALF），这是一个基于能力中心和能动学习的教学管理系统。密涅瓦大学专门设计的这款在线教学平台，通过实时视频开设小型研讨课程，没有地域限制，学生可以在世界各地将自己积累的经验实时分享给同学，学习者自身居住的城市就是其自身扩张的在线校园。

当前，我国常用的学习管理系统或网络教学平台包括超星、云班课、钉钉、腾讯会议等。通常而言，优质的网络教学平台会将学生、教师及学习资源通过安全的在线环境联系起来，为教师提供丰富的教学工具，如灵活的课程、学习方式、讨论发帖等。

在教学中运用信息技术，教师可以对课程重新设计，激发学生参与学习的积极性，帮助他们建构新的知识和技能。巴西教育家保罗·弗莱雷提出，教育科技尤其是学习管理系统可以被看成课程设计的一部分，在教学中发挥着重要作用。这些教育技术不是教师，而是协调者；它们不上课，而是建立对话；它们不是学生，而是小组参与者；它们不孤立课程大纲，而是将编辑过的课程项目压缩到学习单元中。

学习管理系统不单单是一个发布学习内容的系统，除了为教师和学生提供所需的在线教育科技外，它可以创建课程公告、显示作业和成绩、上传教学讲稿和文件、增强沟通与协作、开展同伴学习、创造灵活的 e-learning 经历等。

混合式学习在高校和企业中已经非常流行。一些高校为教师提供了各种学习管理系统，方便教师组织和传输课程内容。国外也有研究证明，学生对学习管理系统持积极态度，尤其对系统保证学生有序学习方面比较认可。

（三）教学内容

当前，不少高校教师在教学中仍使用初、高中的应试教学法，如向学生灌输知识、强迫学生死记硬背等。另外，一些教师为了满足学生今后的工作需要、考研等，强调知识的实际运用，但考试内容单一、考查内容浅显，忽视了学生的学习兴趣。因此，在信息化教学环境中，教学应适当增加考查学生思辨能力的教学内容，让他们在学习的过程中能够探讨、分析、推理或评价学习中的各种问题。此外，目前的教学过于侧重目的，忽视了对学生学习兴趣的培养，而最好的教学内容恰恰是兴趣。因此，教师在训练学生发散性思维的过程中，应该进一步挖掘问题背后的深层次内容，增强学生课堂外学习的兴趣。

高校要培养大批具有国际视野、通晓国际规则、能够参与国际事务和国际竞争的国际化人才。也就是说，培养学生的专业水平和国际化交流能力是当前高校教学改革的主要内容。

（四）教学对象

培养学生解决问题的能力是非常重要的，这样才能使其在工作中有能力处理很多问题。于是，提高学生的各种生活技能成了高校教学的一个重要目标。在一个多样化的课堂上，学生的适应性始于对教师的适应。因此，教师在设计课堂和学习策略时，应该考虑学生这一因素，包括学生的需求、能力、兴趣、已有的学习体验、不同课程与学习风格之间的关联等。

注重学思结合，营造独立思考、自由探索、勇于创新的良好环境。不论对个人还是国家，培养高校学生的思辨能力都是非常重要的。近年来，很多求职单位以是否具备批判性思维作为选拔人才的先决条件。思辨能力不是一个新概念，早在 1933 年约翰·杜威就提出了让学生有效反思的相关理念。因此，教师在与学生进行课堂互动时，可以有意识地通过提问、主题分析、发散性阐述等形式激发学生的思辨性讨论和辩证性思考。

第三节　混合式教学的理论基础

一、探究学习社区理论

（一）探究学习社区的概念

探究学习社区（Community of Inquiry，简称COI）是由美国学者盖里森、安德森等提出的，是提升在线学习质量的一个模型。该模型提出了三种临场感：教学临场感（Teaching presence）、社交临场感（Social presence）和认知临场感（Cognitive presence）。该模型不仅试图概述核心要素（社交、认知和教学），还要概述在线教育经验的动态。因此，这三个要素对学习的传递产生了至关重要的影响。盖里森将该模型定义为一个过程，强调对话和反思，是在线学习社区发展的一个重要因素。

盖里森在探究该模型时，将其作用聚焦于促进教师与学习者、学习者与学习者之间的批判性对话，以及学生批判性思维的发展。为了达到以上两个目的，实现成功的在线学习，他指出必须具备这三个核心要素：社交临场感、认知临场感和教学临场感。这三个要素在探究学习社区中是相互交叠的，拥有重合的部分。社交临场感与教学临场感的交叠部分是“设置环境”；社交临场感与认知临场感的交叠部分是“支持对话”；教学临场感与认知临场感的交叠部分是“选择内容”。这三个要素共同交叠的部分组成了在线学习者的“教育经验”。

在在线教育设计和开发的核心概念中，盖里森认为COI模型是一个描述性模型。因此，他们没有提供关于如何有意设计、促进学生在线课程学习和参与的说明性指导。由于探究学习社区理论模型易被操作和理解，从而受到广泛的改编、采纳和应用，在国际在线学习领域中产生了一定的指导意义。

（二）探究社区理论中三种临场感因素

COI模型中的三种核心要素——教学临场感、社交临场感和认知临场感，指的是教师的影响、同伴的影响和认知过程的设定。

1. 教学临场感

教学临场感被描述为“旨在促进认知和社交临场感的设计，以实现个人有意义和教育上有价值的学习成果”。盖里森为教学临场感定义了三个维度：教学管理，即学生学习（课程和方法）的课程结构、过程、交互和评估的设计和组织；建立理解，即推动学生之间的互动和讨论（促进话语）；直接指导，即让主题专家直接进行知识和学术指导，以便可以直接对学生的疑惑进行解答、分享相关的学习资源、有效地指导讨论，参与学习者更高层次的知识建构。从这三个维度可以看出，为了使教学临场感有效，教师必须明确完成两个部分的课程任务：一是指导学生完成作业和进行论述；二是通过直接参与和指导，促进对话或活动的有效开展。

值得一提的是，盖里森认为教学临场感并不一定是教师的唯一责任，因为参与在线学习经历的所有学习者，包括教师和学生，都可以担任教师的角色，因为每个学习者不仅在探究社区中构建了个人意义，而且过程性参与了社区协商和构建协作意义。美国学者斯泽托研究并验证了盖里森的想法，让学生参与教师角色的活动，不仅可以提高学生的教学临场感，同时还可以促进他们的社交和认知临场感的发展。因此，让学生负责引导讨论是一种有效的教学方式，使学生能够完成教学临场感的三个维度，有助于他们学习的发生。在盖里森的探究学习模型中，教学临场感占着一个很重要的位置。从课程结构来分析，营造良好的教学临场感最重要的就是为学生构建在线学习环境和选择合适的学习内容，其中就涉及教学与社交临场感、教学与认知临场感的共同构建。从角色来看，教师在教师临场感中的角色是组织者，教师行为是教学临场感的关键结构。

当然，学习者也能够在一定程度上承担教师的职责，如讨论的推动者、回答其他学习者的疑惑等。另外，作为探究学习模型中最重要的一个因素，教学临场感在建立和维持探究社区方面发挥着关键作用，在促进学生的社交临场感（交际互动）和认知临场感（预期的学习成果）方面起着主导作用，这种良好的教学临场感可以提高学生的学习满意度。

2. 社交临场感

社交临场感起源于传播学者肖特等人在 1976 年提出的概念，他们认为社交临场感应该被定义为“学生在媒体学习中，传递互动的情感及情感元素方面的能力”。盖里森将其改进并设置为探究社区的一个重要环节。在盖里森的定义中，社交临场感被分为三个维度：情绪表达，即表情符号的正确使用和表达自传叙事；开放沟通，即无风险表达（换位思考）和对彼此贡献的认可；团队凝聚力，即学习者之间建立和维持群体的活动。情感表达是学习者通过使用一些表情和符号来表达自己的情绪状态，如“对不起，我错了!”加一个沮丧的表情，表示因为做错事而不开心。开放沟通是学习者通过延续其他人的话题进行的讨论，他们在交流过程中会表示对他人贡献的赞同，是一个过程性行为。在这个过程中，盖里森鼓励学习者进行批判性反思和对话。团队凝聚力是小组成员对社区和整体态度的体现（学习者是否承认自己是社区或小组中的一员）。如果学习者在提到小组的时候使用“我们”这个词，意味着这名学习者已经认可自己所在的团队，这也意味着团队凝聚力正在不断发展。

盖里森等人在构建模型时提出了社交临场感的重要性，认为学习者之间的交互应当被描述为“学生在教学过程中获取他人资源的手段”。也就是说，社交临场感能够持续地促进学习者认知临场感的发展，进而对学习者批判性思维的发展产生正面影响。

当然，虽然社交临场感与互动有直接关系，即互动频率越高，互动质量越好，学习者的社交临场感就越高，但是盖里森指出社交临场感不应该仅以互动量来衡量，学习者在体验团体活动时会感到社交的真实存在，并且通过表达感受和交换想法来集中协作沟通，其中就涉及互动沟通者的性格习惯及他们的基础认知。这与杜威的想法不谋而合，杜威认为教育经验必须融合个人和社会的利益。因此，个人发展必须依赖社区，社区的发展必须依赖一群志同道合的人。

3. 认知临场感

认知临场感起初被描述为“学习者通过持续反思和话语能够构建和确认意义的程度”。2007 年，它被盖里森定义为“探究社区中的所有学习者能够通过持续交流构建意义的程度”。除了提出认知临场感的概念以外，盖里森还根据杜威的探究学习理论整理了探究实践框架模型，其中包含四个步骤——触发问题、探索、整合和解决，具体解释见图 4-1：

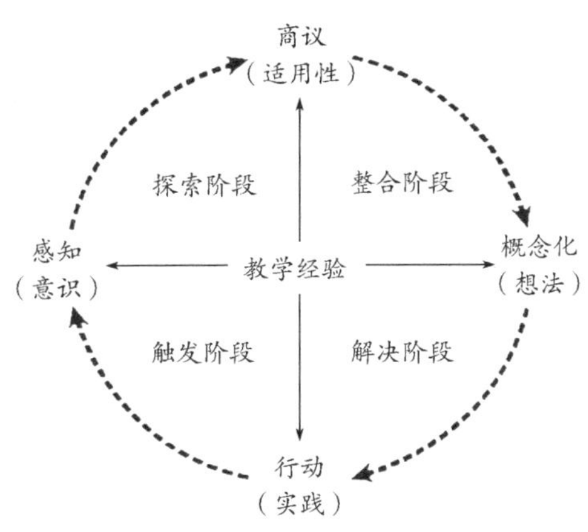

图 4-1　探究实践框架模型

第一个阶段是触发事件，一般被认为是开启问题的起始阶段。通常而言，可以以教育过程中遇到的障碍或困境作为触发事件来确定问题。在传统的学习环境中，教师通常会采用明确的期望或任务作为触发事件，而在在线讨论环境中，尤其是在相对自由的氛围中，来自学习社区的所有学习者都可以作为触发问题的人，这可能会吸引学习者启动知识获取过程，并且在这个过程中构建自己的知识体系。

第二个阶段是探索，学习者反映个人的理解，并且相互协作在网络中搜索相关信息，他们在个人学习空间与社区学习之间转移。在此阶段开始时，盖里森强烈建议学习者区分和理解问题的性质，然后开展小组活动（即头脑风暴）或进行更多个人探索，如文献搜索等。在一个学习社区中，学习者会在个人学习空间与社区学习之间迭代地构建知识，这意味着他们可以通过搜索信息、交换意见、质疑假设、挑战性想法并产生印象、使用批判性反思与话语来建立感知。进行递归操作后，学生可以筛选与他们的问题相关的数据或答案。在此过程中，教师充当了监督者、管理者和领导者的角色，指导着不同学习者的判断保留并转移到下一个阶段。

第三个阶段是整合，这是一次探索产物的交换，学习者可能会更加专注于建构意义，即概念化学习者们的想法。这个阶段的重点：学习者要如何描述自己的想法或考虑，然后以适当的形式和顺序整合，以便为提出解决方案制造条件。学习者可能会在此阶段加深理解和塑造感知，但这其中的效果仍然取决于从探索阶段收集的信息。从字面上看，探索与整合阶段之间应该有一个小循环。通常而言，学习者在产生新知识体系前，都将在这两个阶段中不断穿行以确定知识足以支撑解决方案的提出。此外，这个阶段通常需要教学临场感的支持，因为整合探索产物可以消除疑惑，将这些解答提供给其他学习者，以确保每一个社区参与者都能够使用批判性思维持续地构建认知发展。

第四个阶段是解决问题，主要是对障碍或困境的解决，通过在特定实际问题中应用解决方案降低问题的复杂性。对于日常工作来说，进行重复或验证假设可能更实用，但是对于学术挑战，以个人为单位的确认似乎行不通。因此，在在线学习环境中，来自探究学习社区的学习者，他们在工作或家庭背景支持下工作和学习，使用自己身边的资源可能更容易实现学术验证。虽然在这一阶段中学习者可能会提出进一步的问题，但这些问题会鼓励探究学习社区的学习者们发现更多有助于发展更多讨论的话题，引发更多的批判性探究，促进持续学习。

二、探究性学习共同体理论

学习共同体可以被称为一种特殊类型的共同体。这一概念是以共同体的概念为基础形成的，即“学习共同体是指在班级教育活动中，以共同愿景、价值和情感为基础，以真实任务为核心，师生、生生之间持续的、深层的合作和互动，共同成长、共同进步的学习组织和精神追求”。这一对学习共同体的界定不仅将其看成了一种组织和实体，同时还将其看成了一种意识和精神。

我国学者卢强从课堂教学的视角对学习共同体的内涵进行了重新审视，并且从有形场和无形场这两个层面建构了学习共同体，具体如图 4-2 所示。

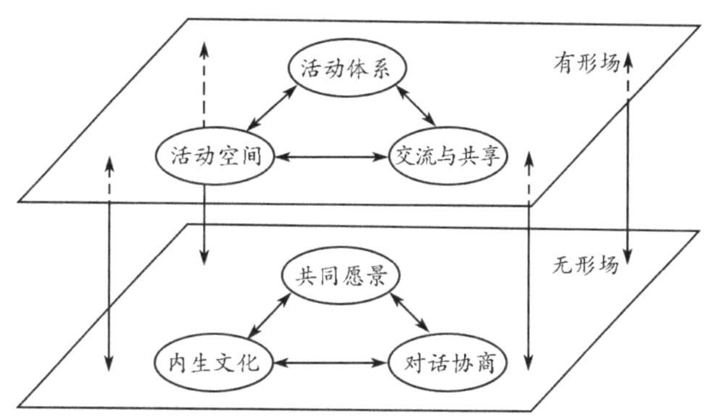

图 4-2　课程教育视域下的学习共同体概念模型

其中，“无形场”具体是指学习共同体宏观层面的建构依据和指导，是对共同体愿景的创生，是生成无形文化和使对话协商关系持续的内容。其中的共同愿景可以说是动力，同时也是共同体发展的大体目标。内生的文化是共同体的内涵，同时也是共同体发展的基石。其中的对话协商属于共同体的存在方式，是作为学习共同体为何作为共同体存在的交互方式。“有形场”是学习共同体实践的流程、方式和机制，具体涉及活动空间、活动体系及交流与共享这几大方面的内容。其中的活动空间具体是指活动进行的场所，是活动的参与者实现其身心发展的场域。活动体系具体是指学习共同体组织活动的基础，活动的实施也要以此为依托。交流与共享是共同体的交互通道，是群体智慧得以生成的具体路径。这样一来，“无形场”中的愿景及文化与对话协商就成为联系共同体成员的纽带，并且使交互的气氛得以维持；“有形场”的流程、方式和机制使课堂教学的原态得以改变并走向新的原态，从而能很好地彰显课堂教学的结构性变革。

通过对上述学习共同体的概念进行分析不难看出，这一概念在长时间的发展中还与学习班集体、合作学习小组等概念存在着一些交叉，对这些相关的概念进行阐释和分析有利于厘清学习共同体的边界，更好地把握学习共同体的实质。

（一）学习型组织

组织通常包含着特定的制度规范、权利结构及运行机制，是作为一种有序的社会结合存在着的。从发展演进的角度进行分析，组织这一概念出现得比共同体晚。

从经历的形式来看，组织通常经历了科学组织（如泰勒的科学管理组织）、科层组织（如韦伯的科层组织）、扁平的科层组织、网络组织这几种形式。其中，美国著名管理学家、经济学家泰勒的科学组织和德国经济学家韦伯的科层组织在工厂、企业、机关运用得非常普遍，并且这两种组织形式很快被运用到学校的教学实践中，这一运用其实是将学校视为工厂的流水线，并且以课程标准为依据生产大批量的同质化的学生。

受到工具理性主义支配的科层组织后来又受到了怀疑和批判，进而涌现了网络化的、扁平的组织形式，呈现多种类型的组织形式共存的局面。1950 年前后，人文主义思潮得以复兴，共同体的精神得到觉醒。几乎同一时间，应运产生了学习型组织概念。

彼得·圣吉是一位研究学习型组织取得较大成就的学者，他对学习型组织的五大特征进行了总结：一是自我超越；二是改善心智模式；三是建立共同愿景；四是团体学习；五是系统思考。他对学习型组织的总结又被称作学习型组织的五大修炼。他对学习型组织的研究为建设学习共同体提供了理论参照和基本框架。

但是，有些文献将学习共同体与学习型组织这两个概念混同使用。例如，在《变革的力量——透视教育改革》中，著名的加拿大教育学家迈克尔·富兰如此说："学校现在还不是学习型组织，……看一看校长和教师还有什么工作要做，以便把学校从一个官僚主义的机构转变为一个兴旺的学习者的共同体。"学习共同体就是一种学习型组织，是学习型组织在教育领域中的应用，因而学习型组织中倡导的"团体学习、组织优化和共同愿景"也是学习共同体的重要特征。

基于以上分析，我们认为学习型组织与学习共同体存在着一些相似之处，不管从理论基础还是实践策略上进行分析，它们都存在着很大的重叠和交叉，并且彼此借鉴、相互吸收。两者都强调学习和发展，关注所有成员的参与和共同提升，以及成员之间的经验交流和分享等。学习共同体吸收了一些学习型组织中的因素，如自我超越、心智模式的改善等；学习型组织也吸收了一些学习共同体中的身份认同、团体学习等概念，二者之间存在着相互支撑的关系。但是，这两个概念有着不同的实践旨趣和理论追求。如果从目标追求层面进行分析，学习型组织追求的是组织的目标和组织的绩效，希望借助于缩短个人差距实现组织的最佳发展，进而完成预期的组织任务。建设学习型组织是为了促进组织的发展。个体的发展通常仅仅有其工具意义，但是非常容易忽视个体需要。学习共同体追求的是处于群体中的个体发展，并且借助互动学习实现共同发展，不能让其中的任何一个成员掉队，它所倡导的是差异化的发展。

从价值取向层面进行分析，大多学习型组织具有任务型特点，并且会受到理性支配，具有浓厚的功利性色彩。相比之下，学习共同体强调的是彼此间的互动及真实的情境，它的情感色彩和理想成分更多一些。学习型组织关注的是系统的思考和团体的学习，并且将任务和效率作为其导向。

学习共同体重视的是情感层面的支持、共同精神及个人认同。

从组织层次层面进行分析，学习型组织适合的是社会团体、企业等。相比之下，学习共同体适合的层次更多一些，涉及组、班、学校、社区、社会等，但是更多的是指由特定的学生群体组成的学习共同体。

（二）学习集体（班集体）

“集体”这一概念是苏联的社会心理学和教育学中被普遍使用的一个概念。具体而言，集体是指对执行社会职能有益的、高度发展的群体。与西方社会的心理学不同的是，苏联的社会心理学在对群体分类进行研究时，通常将社会主义社会中使用的“集体”当作一种特殊的组织形式和群体。就班集体（学习集体）而言，其以“集体主义”为指导思想，倡导个人应从属于社会，个人利益也应服从民族、集团、阶级及国家利益。

“班集体”也是集体中的一种普通类型。这一类型的集体组织通常是依照班级目标和教育规范组织起来的，是一种以共同学习活动和直接性人际交往为主要特征的社会心理共同体。一个健全的班集体通常应具有明确的政治方向、严肃的纪律、正确导向的舆论和勤奋好学、团结友爱的良好风气。同时，多样化的教育活动、得力的班集体核心及良好的班风等也是一个班集体的重要构成要素。

事实上，学习共同体和学习班集体都可被看作心理共同体，属于社会群体类型。这两种类型的共同体都强调共同意识和精神，并且注重团队成员间的协作和互动，追求成员的多方位发展和进步，都能为个人提供归属感和安全感，以满足个体的社会性需求。但是，二者还在诸多层面存在着差异。从概念归属层面进行分析，班集体更加倾向于学校管理和德育这一范畴，班集体的建设也属于政教处和班主任工作的重要内容。与此同时，这一概念在社会主义国家使用得比较广泛。但是，学习共同体则属于社会学、学习科学及人类学的范畴，很少会受到社会制度的限制。

从价值导向层面进行分析，班集体追求的是集体主义，强调任何言行都应符合集体利益，如果个人利益与集体利益发生了冲突，个人利益应服从集体利益。这其实表明了集体利益重于或大于个人利益这一主张。相比之下，学习共同体强调的是自主性和多元性的互补和结合，主要是因为共同体并不是一种抽象的存在，而是一种自主性和多元性发挥作用的环境。对于每个个体而言，都有行使自己自主性的权利，并且作出相应的选择，共同体为自主性和多元性的发挥提供了有利空间。

从互动方式层面进行分析，班集体是将直接交往作为主要特征的人际关系系统，注重集体内部成员间的直接交往和人际互动。当然，学习共同体也强调交往，但并不是直接的交往，非常有可能属于虚拟网络的交往或间接的交往，它更加倾向于共同体的共同意识和情感联系。

从目标追求层面进行分析，班集体建设强调建立共同的理想、共同的舆论、共同的奋斗目标及统一的意志和纪律。共同体在建设时更加注重成员间的持久性合作，并且形成共同的精神和意识，鼓励多元化，尊重差异性。

需要注意的是，作为社会群体的学习共同体和班集体都关涉怎样处理好个人与社群关系的问题。到底应如何处理个人与社群间的关系也是当前自由主义与社群主义密切关注的焦点话题。对于这一问题的探讨，至今没有达成共识。

（三）合作学习小组

合作学习小组也是一个非常容易与学习共同体混淆的话题。这两大概念也存在着很多的重叠和交叉，需要进行分辨和明确。二者的共同之处在于都强调成员间的交流、合作和共同成长。共同进步与合作互动是合作学习小组和学习共同体的共同追求。二者都将知识的社会建构作为出发点，注重意义的合作建构，鼓励学习者之间的经验交互。当然，二者也在很多方面存在着差异。

从缘起进行分析，合作学习小组是以社会心理学、教育心理学为基础进行的研究，并且广泛吸纳了心理学的研究成果。将个体的知识掌握、学习态度与情感变化及认知发展这几大要素聚集在一起，更加关注同辈或同伴间的水平交流。但是，学习共同体发源于社会学和人类学的研究，并且广泛吸收了这两个学科的研究成果，将聚焦点放在学习者的社会文化成长方面，这有利于促进真实意义的生成。

从控制水平层面进行分析，合作学习小组属于强控制的类型，而学习共同体属于弱控制的类型。就课堂教学中的合作来看，合作学习小组大部分属于结构化的合作，学习任务、学习步骤及学习规则等也往往都是由教师事先规定或安排好的，学生在规定的时间内依照规则和要求进行对话交流并完成相应的学习任务即可。但是，学习共同体中学生的相互合作带有半结构化的性质，虽然有规定的任务，但是学生间合作的时间和空间、组织分工与合作过程等都有很大的弹性。对于一些较高水平的共同体而言，学生的协作和合作也往往带有更多的自发性质，并不仅仅局限于学科学习，还经常发生在道德交往和日常生活中。换言之，学习共同体在发展层面已经渐渐地超出了教育学的范畴，逐渐迈入人类学和社会学的层次，很好地体现了学习者在真实社会中所具备的文化特征。

从目标追求层面进行分析，合作学习小组将其侧重点放在了掌握知识技能和认知发展层面。相比之下，学习共同体除了重视知识技能的学习之外，还对真实任务的解决给予了密切关注；同时，还关注在解决任务的过程中身份的形成和社会文化的成长。在合作学习小组中，合作仅仅作为一种学习方式存在，借助于合作学习有利于促进知识的理解和掌握。然而，在学习共同体中，其合作追求的是形成合作学习的文化及对学生的社会发展所起的促进作用。学习共同体是以合作学习为基础的，但又超越了合作学习这一层次。学习共同体对学习者之间的会话、协商等给予了密切关注，它所强调的是自发的、有效的、深度的合作。因此，小组合作是建设学习共同体的基础，并且是建构学习共同体的必经阶段。

第五章　高校教育课程管理

第一节　高校专业、课程建设与管理

一、专业建设研究与进展

（一）专业、学科的概念与内涵

1. 专业的概念与内涵

现代教育体系中对专业的定义有广义与特指之分。广义的专业是指知识的专门化领域，专业即某种职业不同于其他职业的一些特定的劳动特点。特指的专业即高校中的专业，是依据确定的培养目标设置于高校（以及相应的教育机构）的教育基本单位或教育基本组织形式。专业是高校根据社会的分工需要划分的学业门类。各专业都有独立的教学计划，以体现本专业的培养目标和要求。

由此可见，专业是高校培养人才的基本单位。它能够通过专门的教育和训练，促进学生获得较高的专门知识和能力，以便为社会提供专业而有效的服务。专业是按照社会对不同领域和岗位的专门人才的需要来设置的。学科知识是构成专业的原料，不同领域的专门人才需要什么样的知识结构，专业就通过对相关的学科知识进行切块、组织以形成课程及一定的课程组合方式来满足。专业以学科为依托，有时某个专业需要若干个学科支撑，有时某个学科又下设若干个专业。一个专业由适用于其需要的若干学科中的部分内容构成，而不是由若干学科中的所有内容构成。

2. 学科的概念与内涵

学科从学术分类和教学分类两方面有不同的解释。

（1）学术分类方面。学科是指一定科学领域或一门科学的分支，如物理学、生物学、教育学等。

（2）教学分类方面。学科是学校教学内容的基本单位，指为培养人才而设立的教学科目。通常意义上所讲的学科是指高校或科研机构为培养高级人才而设立的教学科目。高校是传授高深学问的场所，而各种不同的“学问”则以学科的形式出现，学科理所当然地成为承担高校职能的基本单元。在此，我们把高校学科定义为“以知识分类为基础，以高深专门知识为学术活动的对象，承担高校职能的基本单元”。

（二）学科建设与专业建设

1. 学科建设和专业建设的内容

（1）学科建设的构成要素主要包括学科带头人、学科梯队、科研课题、研究仪器设备、学科建设管理人员等。学科建设主要是学术梯队建设、研究设施建设、确定研究方向、争取研究项目，形成科学、合理的学科管理制度等，目标是取得更高水平的研究成果。学科建设的作用表现在五个方面：①学科水平决定一所高校的水平，是高校办学水平和综合实力最主要的体现。②学科是吸引人才的强磁场、培养人才的沃土。③学科对人的发展起着定向和规范的作用。④学科建设是构筑高校核心竞争力的必由之路。⑤学科建设是高校发展的平台，是高校人才培养、科学研究和社会服务三大社会功能的基础。

（2）专业建设的构成要素主要包括教师、课程、教材、实验和教学管理人员等。专业建设主要是专业培养目标和培养方案的制订、专业教学手段和教学方法的改进、人才培养模式的改革、课程开发、教材建设、实验室与实习基地建设等。高校专业的划分以学科分类为基础，与社会职业分

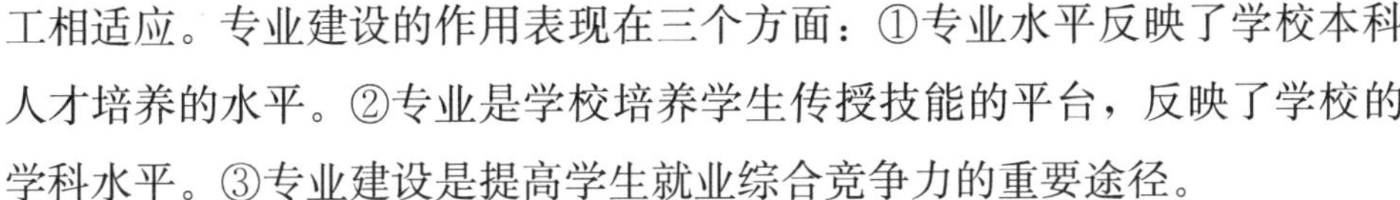
工相适应。专业建设的作用表现在三个方面：①专业水平反映了学校本科人才培养的水平。②专业是学校培养学生传授技能的平台，反映了学校的学科水平。③专业建设是提高学生就业综合竞争力的重要途径。

2. 学科建设与专业建设的关系

高校进行学科建设必须搞清楚学科建设与专业建设的关系。原因之一是历来非研究型高校不重视学科建设或对学科建设认识不清；原因之二是这些院校大部分学科的科学研究基础非常薄弱；原因之三是学科建设与专业建设关系问题在实践中凸显的时间不长。

学科建设是对相关学科点和学科体系的科学规划和重点建设，从而形成和提升人才培养和科学研究的综合实力。学科建设与专业建设密不可分，学科建设是基础，学科建设的成果可以作为专业建设的原料，但也可以有非专业建设的用途，可以直接为当地生产建设所用；专业建设是成果，中间通过课程这一桥梁来连接。市场对人才规格要求的变化引起专业的调整，也是促进学科建设的动力之一。

（三）专业设置、调整优化与建设进展

专业设置是高等教育部门根据科学分工和产业结构的需要所设置的学科门类，是人才培养规格的一个重要标志和体现。高校学科专业结构的调整和优化是高等教育支撑国家发展战略的迫切需要，具体实施如下：

第一，以社会需求为导向，合理设置学科专业。要从国家经济、社会发展对人才的实际需求出发，加大专业结构调整力度；根据科学技术发展的特点，紧密结合我国高等教育实际，研究建立适应国家经济和社会发展所需的专业和制度，制定指导性专业规范。

第二，根据国家对各专业建设的要求，在进一步拓宽专业口径的基础上，大力倡导在高年级灵活设置专业方向。

第三，构建专业设置预测机制，定期发布各类专业人才的规模变化和供求情况，引导高校及时设置、调整专业和专业方向，为高校优化专业布局和调整人才培养结构提供指导；研究建立人才需求监测预报制度，定期发布高等教育人才培养和经济社会需求状况，加强与社会用人单位的联系，培养满足国家经济及社会发展所需的各种专门人才。

第四，大力加强本科专业建设，按照优势突出、特色鲜明、新兴交叉、社会急需的原则，引导各级各类高校发挥自身优势，大力培育优势明显、特色鲜明的本科专业，加大建设力度，逐步形成专业品牌和特色。

第五，积极探索专业评估制度改革，重点推进工程技术、医学等领域的专业认证试点工作，逐步建立适应职业制度的专业认证体系。

第六，设置新的本科专业要进行科学论证，严格履行必要程序，充分考虑职业岗位和人才需求，要有成熟的学科支撑，符合学校的办学目标和办学定位，拥有配套的师资条件、教学条件和图书资料等，并且投入必需的开办经费，加强对新设置专业的建设和管理。

（四）专业设置与调整管理规定

1. 专业设置基本条件

高校设置专业必须具备“符合学校办学定位和发展规划；有相关学科专业为依托；有稳定的社会人才需求；有科学、规范的专业人才培养方案；有完成专业人才培养方案所必需的专职教师队伍及教辅人员；具备开办专业所必需的经费、教学用房、图书资料、仪器设备、实习基地等办学条件；有保障专业可持续发展的相关制度”等基本条件。

2. 专业设置制度

专业设置和调整仍然采取自下而上的“申报—审批—备案”制度，审批和备案工作每年实行一次。教育部设立了专门的“普通高校本科专业设置与管理平台”，作为专业公共信息服务与调整的公共信息服务与管理平台。

（五）典型专业建设与管理

1. 特色专业建设

为全面贯彻落实科学发展观，切实提高教育教学质量，大力加强专业建设，按照优势突出、特色鲜明、新兴交叉、社会急需的原则，择优选择和重点建设特色专业点，引导各级各类高校发挥自身优势，努力办出特色。

2. 特色专业建设的重点内容

特色专业是指在办学理念、人才培养模式、专业教学内容及教学手段等方面具有显著特色的专业。特色专业所培养的学生比一般专业人才具有更加突出的人文素养、专业能力；有独立、个性化的人才培养方案，较高的学术声誉和较大的社会影响。

特色专业的建设目标是培养专业素养突出的高素质人才，重点从专业建设和专业发展理念、人才培养目标、专业课程体系构建、实践能力培育、师资队伍及教学管理等方面进行。

第一，专业建设观念的建设要点。特色专业的建设与发展要充分体现专业指导思想的科学性，使人才的培养更具社会适用性，要创新与改革特色专业建设观念，把特色专业建设与学校生存与发展紧密结合起来。

第二，人才培养方案的建设要点。特色专业建设的核心内容、重点与难点是人才培养方案的制订与优化，人才培养方案涵盖课程体系、教学内容、教学方式、实践教学环节等。在建设特色专业的过程中，重点要在加强相关产业和领域发展趋势和人才需求研究的基础上，建立有效的合作机制，吸引产业、行业和用人单位共同研究课程计划，制订与生产实践、社会发展需要相结合的培养方案和课程体系。合理确定基础课程与专业课程、必修课程与选修课程、理论教学与实践教学的比例，课程体系结构合理、特色鲜明、可操作性强。

教学内容设置服务于产业、行业与用人单位的需求，体现知识、能力、素质要求，真正引入行业、产业发展所需的新知识、新技术。改革教材建设，更新教材体系与内容，利用现代信息技术开发与课程体系、教学内容相匹配或对教学内容进行补充的立体化教材，尤其是把行业、企业的先进技术引入教材建设内容；引进和使用国外优秀教材，拓宽学生视野，增强学生的国际竞争力。

改革教学方法与手段，突破以知识传授为中心的传统教学模式，探索以能力培养为主的教学模式，采用启发式、探究式、研究性教学方法，保证培养计划的顺利实施。

第三，实践教学建设要点。特色专业建设要强化实践教学建设与改革，改革创新实验教学内容和教学方法，构建基础实验、综合性实验、创新性实验、研究性实验相结合的实验教学体系。科研与教学相融合，探索项目式研究带动教学的新模式，将老师的科研成果与研究思维注入实验教学，扩展学生的知识视野，增强团队协作精神，培养科学思维方法，提高动手实践能力。

改善实验教学环境与条件，加大相关学科实验室和研究项目等资源向高校生的开放力度，吸收学生参与科学研究；第一批特色专业建设点保证教学计划内各类实践教学活动累计时间不少于半年，其他批次特色专业建设点要逐步增加；有效设计生产实习、社会实践、科研训练、毕业实习、毕业设计（论文）等环节，积极探索“产、学、研”有效结合的模式，建立学生到工厂、企业、社会等实践教学基地开展实践实习的有效机制及学校、用人单位和行业部门共同参与的学生考核评价机制。

第四，师资队伍建设要点。建设一支以学术带头人为骨干，教学和科研综合水平高、结构合理的师资队伍；要有高水平的科研基础，特色专业的建设要求科研与教学有机结合，科研促教学改革，教学促科研水平的再提高，特色专业建设是将科研与教学有机结合的最好途径。

改革教师培养和使用机制，完善校内专任教师到相关产业和领域一线学习交流、相关产业和领域的人员到学校兼职授课的制度，形成交流培训、合作讲学、兼职任教等形式多样的教师成长机制，形成一支了解社会需求、教学经验丰富、热爱教学工作的高水平专兼结合的教师队伍。

第五，教学管理制度的建设要点。建立调动教师参与教学积极性的政策措施，一方面吸引和保证高水平教师从事教学工作，另一方面鼓励和支持骨干教师与相关企业进行合作、交流和学习。建立支持高校生参与科研创新实践活动的有效机制，充分调动教师指导学生和学生自主参与科研的双向积极性。建立学生深入社会开展实践活动的长效机制，形成教学、科研和社会实践有机结合的人才培养模式。

构建教学质量保障体系与评估机制，紧密结合专业特点及行业发展实际，建立学校、行业部门和用人单位共同参与的学生考核评价机制。

二、课程建设研究与进展

课程是最基本的教学元素，是学生接触最直接、受益最全面的教学单元。通过课程的学习，学生不仅获得知识和技能，同时形成特定的人格。课程的质量直接影响着人才培养的质量。在专业建设、师资队伍建设、实验室建设和课程建设等教学基本建设中，课程建设处于核心地位。课程建设作为高等院校教学建设中的基础，是一个动态的、系统的管理过程，其涵盖教学大纲、教学方案、教材及教学条件等完成传授知识的载体与条件，教学文件、教学环节、教学管理状态等完成传授知识的教学工作状态，以及师资队伍等知识的传授者。高校的课程建设是以师资队伍建设为中心，以教学材料建设为依据，以教学设备建设为保证，以改革教学体系和内容为关键，以教学方法和教学管理科学化为手段，以全面提高教学质量为目的的一项系统工程。课程建设的任务是根据现有条件和课程现状，逐步完善课程的各相关要素，强化知识传授和能力培养系统。课程建设将相应地促进师资、教材、条件、管理、手段和方法的改革。

作为学校教学建设的核心内容，课程建设目标的实现主要体现在能否建设一支高水平的师资队伍、能否培育高素质的创新型人才、能否创造高水平的教学和科研成果，以及是否有与课程建设相配套的高效、科学的教学管理体制和激励机制等上。课程建设的质量高低对于建立学生合理的知识结构、能力结构和创新精神具有十分重要的意义。

第二节　高校课程管理体制的改革与构建

中国高等教育正在从精英教育向大众教育转变，随着中国加入世界贸易组织，国际化的影响更加强大。为了使高校课程更好地为培养人才服务，满足社会各方面的需求，对于高校课程管理，政府提出了相应的政策，各利益团体也提出了各自的要求，怎样构建一个良好的高校课程管理体制就成为迫切需要解决的问题。下面从中央政府、省和高校三个层面提出改革思考。

一、中央政府对高校课程管理体制的改革

自高校创办以来，我国实行的是中央统一的课程管理体制，由中央政府对高校课程进行统一规定和管理，其间受到日本体制和苏联体制的影响，虽然机构、制度有了一定的调整，但是课程管理的国家控制没有发生根本变化。而且，比较各国课程管理体制可以看到，一种课程管理体制经过改造建立后会成为本国组织管理文化的一部分，按照本国的社会和体制逻辑向前发展。我国地区情况差异巨大，高校课程管理体制改革需要强有力的政府作为支撑，这些都要求我国必须继续实行中央统一的课程管理体制。

然而，高校课程与教学、科研联系紧密，过于严密划一的控制会妨碍课程的发展和功能的发挥。此外，中央政府尤其是教育部不能包揽所有高校事务的管理，这需要庞大的机构、人员和经费，同时过多的规章制度也会限制管理者的创新能力，使庞大的组织难以对外界变化作出及时的反应，也难以防止错误的发生。我国课程管理体制在中央政府层面解决存在问题的原则、方法是清楚的，就是分散决策和政策执行的权力，裁减中央的控制机关。中央政府应该主要发挥决策作用，裁减直接管理、控制高校课程的机构，增设课程评估机关，并且主要应做好以下事项：

（一）国家立法

有关高等教育的法律法规是国家控制高校课程的依据和必要手段，法律法规一经颁布就具有强制性和稳定性。强制性意味着法律法规由政府强制执行，树立被管理对象的法律意识并遵照执行。稳定性是指法律法规一经颁布就具有持久性，可以制约政府的高校课程管理行为，使高校课程受政府的行政干扰较少。国家不仅要制定健全的法律法规体系，还要不断针对高校课程管理的新问题制定和完善相应的法律。

（二）高校课程管理制度的建立和变更

制度的建立指确定政府、高校及有关机构之间的权力、职责和隶属关系，形成有效运转体制，更好地实现国家意图和高校课程目标，从而更好地为实现国家的整体利益服务。制度一经制定不可能一成不变，高等教育的发展必然要求重新分配各部门、各单位、各职务之间的权责，甚至取消一些部门、单位而新建一些机构，通过制度的变更增加高校的课程效能。政府在高校课程管理制度的建立和变更过程中应发挥主导作用，即政府在将高校课程管理权重新分配，扩大高校自主权，增强政府的宏观调控功能，并且形成相应的机构设置，在确立相应的规范中承担主要的调控任务。

（三）提供经费

提供经费是国家控制高校课程最常用的手段。高等教育事业日益扩大，高等教育经费也迅速膨胀，世界各国出现不同程度的高等教育财政危机，给高校带来了比较大的冲击。为使高校功能正常发挥，政府应该继续承担提供经费的主要责任，不断增加拨款，同时鼓励资金来源的多样化。政府除提供大量无条件的日常经费外，还可以通过提供一些有特别规定的经费来影响高校课程，如为国家急需学科设立基金、提供特定科研经费及设立重点教学改革项目、重点教材建设项目等。

（四）提供信息、咨询、评估等服务

国家教育部门可以协助支持或从事研究和开发工作，搜集统计资料，将其发现或成果提供给社会大众、教育政策制定者、实际课程工作者和高校，使高校课程管理工作做得更好。政府具备人员优势，可以在具体领域作出引导，主要是办学方向的确定和办学水平的评估。由国家组织有关社会组织对高校课程进行评估，健全评估体系，或者对高校课程管理提出要求、建议和展望，发挥其支持、认同作用。这些组织都可以逐步转化成民间性专业协调机构。

二、省、自治区、直辖市对高校课程管理体制的改革

我国高等教育体制改革的明确趋势是实行中央与省两级管理，中央主要负责大政方针、宏观规划和监督检查；对地方所属高校的具体政策、制度、计划的制定和实施，以及对高校的领导和管理，责任和权力均交给地方，进一步加强省、自治区、直辖市对设在本区域内的国务院各部门所属高校的协调作用。

省级高校课程管理是实现中央简政放权、院校地方化和大众化的重要力量，要完善高校课程的省级管理体制应该做到以下几点：

第一，建立、健全省级课程管理法律法规。省级高校课程管理权限必须有法律依据才能得到保障；同时，通过法律规定也明确了省级课程管理的权限。

第二，省级政府要改变过去的以单一的行政手段干预高校课程的方式，综合运用统筹规划、政策引导、拨款控制、信息服务、执法监督、检查评估等多种手段，实现课程宏观管理目标。

第三，完善省级课程管理决策系统。首先，成立由政府人员、高校管理人员和有关专家组成的高校课程管理协调机构，对有关省级高校课程管理政策等问题进行审议。其次，成立以专家为主的教学质量评估组织，对高校课程实施质量进行监督。最后，省教育厅高教处应在处理高校课程、教学等业务方面安排人员，由他们结合前两个组织及省政府的领导承担课程管理的业务职责，结束有名无实的放任状态。当然，他们对课程的管理也是以宏观为主。

三、高校内部的课程管理体制改革

高校课程管理就内部机构设置而言，校、教务处、院系三级管理机构比较合理。这三级机构主要是行政管理机构，作为完善的校内课程管理体制还应该设立负责审议、咨询或决策的专业性机构和团体，后者在我国高校内部的课程管理体制中是相对缺乏的，需要建设校内课程管理的监督、审议机构。目前的高校学术委员会虽然对专业的设置具有审核权，但难以承担对课程的监督职责，应该在校学术委员会之下设立各专业的教学委员会，结合院系的学术委员会和教研室，吸收更多的专业教师对课程的开发和实施等过程给予评议、调节和建议。

高校课程管理机构虽然比较完善，但由于一直以服从中央的安排为主，高校课程管理的主动性不大；高校内部长期按统一步调行事，教师的主动性也没有得到发挥。《中华人民共和国高等教育法》已明确规定“高校依法自主设置和调整学科专业”，“根据教学需要，自主制订教学计划，选编教材，组织实施教学活动”。因此，高校必须对课程实施主动管理，否则失去国家依靠，自身又无力管理和调节课程，高校课程必将陷入混乱，从而使高校办学水平降低，以致无法维持。校级领导和教务处的主要任务是做好课程的决策，并且对院系级课程方案实施审批、监督、规划；应将具体的课程内容、专业课目设置、学时安排等课程事项交给院、系、教师安排和处理，既然院系是校内专业思想和专业知识的汇集之处，就应允许它们拥有更多的决策权。就某种程度来讲，这一逻辑也表明院系中的专业教师和专业管理人员由于具有专业知识并与周围环境和学生有着直接的关系，所以应该拥有对具体课程事项的更大影响力，即教师在决定教什么、怎样教等方面拥有更大的自主权。

高校课程管理体制应该调整课程决策的权力结构，赋予高校教师更多的课程自主权和责任。所有的课程计划或开发都应给予教师充分的参与机会，从课程的最初计划到最后课程的产出，教师是参与的伙伴。教师的观点、建议应得到妥善采纳和处理，并且在课程中予以体现。行政人员要改变控制一切的态度，鼓励教师控制教学过程，即在高校课程的编制、实施和评估、反馈的循环中，扩大教师对课程的专业管控能力。

高校课程管理还有一个不可忽视的群体——学生。学生在课程等学术性事务中不占主导地位，但对课程的形式、时间安排和某些课程的设置有很大的影响力，学生也是课程评价、反馈的重要力量。因此，应给予学生更多的专业和课程选择权，实行比较完全的学分制，使课程形式更加灵活，以适应和满足不同学生的需求。同时，应通过教务处、院系积极吸取学生对课程的要求、评价等反馈意见，使课程得以更好改进。

第三节　高校教育课程考试管理创新

一、高校课程考试管理概述

考试的概念有广义和狭义之分，本书的“考试”是狭义的考试，即由主试者根据一定的社会要求，在一定的场所，采取一定的方式方法，选择适当的内容，对应试者的德、学、才、识、体诸方面或某方面所进行的有组织、有目的的测度或甄别活动。因其性质、目的、内容、方法、手段的不同，考试可被分为众多类型，如根据目的的不同，考试可被分为配置性考试、形成性考试、总结性考试和选拔性考试，课程考试就包含了其中的形成性考试和总结性考试。形成性考试是在教学过程中进行的各种测试，主要目的是了解教学效果，及时发现教学过程中存在的问题，以便改进，并且为平时成绩的评定提供依据。总结性考试是在课程结束后进行的，主要目的是督促学生全面系统地复习，并且对学生的学习效果和教师的教学效果作出评价。

高校课程考试是指高校内部根据课程教学目标的要求和高校教育目标

的具体规定，自行主持实施的考试活动，包括平时测评和学期考试。其基本任务是检测学生的学习成绩，督促学生学习，发现教学中存在的问题。其目的在于掌握高校的教学情况，改进教学和督促高校教育目标的实现。其功能可被归结为五种：一是检查测评功能，即检查和评定学生对课程大纲所规定的基本知识、基本原理的掌握程度。考评和检测学生运用所学的基础理论在实践过程中分析问题、解决问题的能力、创造力和潜力。二是导向功能，即发挥“指挥棒”作用。通过对考试内容、考试形式的合理安排，引导学生正确学习，使学生达到预定的培养目标；通过严密的考试规程、考试结果的客观评价和公正使用，培养学生务实求真、遵规守纪、崇尚科学的习惯，增强学生的责任感、公德意识。三是激励功能。考试作为一种检查学生学习效果的手段有着反馈作用，而反馈结果又对学生起着激励作用，考试结果可以反映学生的知识掌握程度和能力发展情况，以及所存在的问题。此外，考试作为一种检查教学成果的手段，对教师也有着激励作用。考试结果反映了学生的学习情况，而学习情况又反映了教师的教学投入、教学内容、教学方法和总体教学水平，教师可通过考试结果总结发现自身的薄弱环节。四是鉴定功能。教育管理部门对考试结果进行分析、认可后，依据有关规定，对学生、教师和教学管理人员进行鉴别，以区别优劣，并且予以奖赏。五是系统整合功能。由于学生平时学习时节奏较慢，各知识之间难以做到全面领会，而考试来临之际，学生已完整地学过一门课程理论，可以将所学的基本知识和基本技能进行系统、全面地归纳、整理，进一步将各部分所学的内容有机联系起来，以达到融会贯通。学生的归纳综合能力、思维能力、创造能力和自悟能力在这一过程中可以得到全面系统的综合发展。考试功效的实现是需要一定条件的，离开了一定的条件，考试功效非但不能实现，甚至还会被严重扭曲。那么，这一定的条件是什么呢？它就是量尺标准、实施规范、结果真实和使用公正，其中任何一方面出现偏误，都将影响考试功效的正常发挥，而这些条件的创设就必须依靠严密科学的考试管理。

考试管理是以考试活动为对象，以提高考试活动效率、实现考试活动预期目标为目的的专门性的管理活动。高校课程考试管理则是以高校课程考试为对象，以提高考试活动效率、检测教师课堂教学质量、发现教学中存在的问题、充分评估学生的学习效果和学习创造能力为目的的管理活动。严密科学的考试管理具有以下功能：

（一）维护考试的权威

现代社会中的各种考试都有其特定的目的，正因为如此，无论什么考试，其程序、内容、方法一旦被确定，不管是考试的组织者还是考试的参加者，都必须受到考纪考规的约束，而通过考试所获得的结果都有法定的或公认的功用和社会价值，这就是考试的权威性。任何一种权威的建立和维护，都离不开一定的条件，那么建立和维护考试权威的条件是什么？它就是考试的各种规章制度，是对考试活动全过程的管理。考试管理是保证考试预期目标能够得以实现的条件，即对一切有可能影响、阻碍考试预期目标实现的行为予以劝告、制止直至强行控制的活动。科学而有效的考试管理可以保证考试活动能在公平、公正的环境中进行，加上考试结果的采用同样公平、公正，就会获得学生对课程考试的认可，并且积极地参与考试且自觉地维护考试的规章制度。

（二）实现考试的功效

任何社会活动功效的实现都离不开一定的条件，考试活动不但是一种社会活动，而且是一种特殊的社会活动，只有具备了一定的条件，考试功效才能实现，而这些条件的创设必须依靠严密科学的考试管理，把考试活动的全过程置于有效的控制之中。同时，这种控制必须是全方位的。所谓全方位，是指考试活动全过程的每一个方面和每一个环节都必须有严密的控制措施。从考试的各个环节来看，无论哪个环节出现问题，都会给考试的功能造成损害。考试成绩的失真，不能发挥其检查教学效果的作用，不能使学生比较真实地了解自身在科学文化知识和技能等方面的优势和劣势。考试前后出现的问题，如考场设置、考试质量分析等，有时看上去是小事，如不及时纠正，任其发展，对勤奋学习者是压抑，对投机取巧者是一种放纵，从而不能实现考试功效。

（三）树立踏实进取的学风

所谓学风，即治学之风尚、立校之根本，它是靠广大师生员工在科学研究、思想教育、行政管理和后勤服务等工作中共同努力建立的一种治学态度。因此，学风是高校工作中一项重要的基础建设工作，是高校教育中一个不可忽视的问题。首先，良好的考风和学风具有很强的感染作用。学风是一种精神力量，它可以被感知、效仿、传播和宣传，从而形成强大的心理影响力和群体舆论，感染并熏陶每一位师生，而且对不适应者形成压力，使个体行为逐步适应群体行为。其次，良好的学风具有激励作用和良好的导向作用。多数学生的良好学风对少数学生的不良学风是一种示范和鞭策，促使具有不良学风的学生转向接受这种行为准则。同时，当坚持良好学风的个人受到高校的表彰时，学生会因此受到很大鼓舞，甚至将这种学风内在化，成为个人治学和成才的座右铭和行为准则。严密科学的考试管理可以帮助学生形成正确的是非观，是非观是人们思想道德和行为的基础。如果在考试管理中法纪严明，不仅可防止或减少违法、违纪现象的发生，还会引导学生对考纪考规的重要性、严肃性形成正确、明晰的认识，强化执法、守法观念，增强法律意识，逐步养成遵纪守法的习惯，有利于消除投机取巧的病态心理，树立踏实进取的学风。严格的考试管理是促进学风建设的一个重要环节。

二、高校课程考试遵循的原则和运行条件探讨

（一）高校课程考试应遵循的基本原则

课程考试是教学过程中十分重要的环节。它不仅要完成对学生在经历一个教学过程后学习情况的评价任务，还要检查教师的教学效果和水平，诊断教学中存在的问题，反馈教与学过程中的各种信息，进而发挥促进教学改革的作用。它所特有的检查测评、导向、激励、鉴定和系统整合五大

功能是其他教学环节所不能替代的。高校课程考试必须适应社会发展的需要，必须适应被考者的身心发展水平，必须有利于促进和客观评价学生综合运用所学知识解决实际问题的能力，必须有利于提高教师教学水平，以保证不断提高人才培养的质量。考试原则是从事考试活动、处理各种考试问题、规范考试行为所必须遵循的基本原则。高等教育学会对高校考试设定了九条原则：一是考试应以教育价值为出发点；二是考试的成效体现在如何尽可能地把学习的多维性、综合性和实用性反映出来；三是考试要关注结果，同时也要关注产生结果的过程；四是考试只有在其力求改进的项目上有清晰、明确的目的时，才能最好地发挥作用；五是考试只有在持续而一贯的体系下才能最好地发挥作用；六是考试只有在来自教育界人士广泛参与的情况下才能获得更广泛实质的改进效果；七是考试只有以人们真正关心的问题或需要为出发点并阐明问题才有作用；八是当考试成为促进教育改革大环境下的组成要件时，它可能引发教育变革；九是通过考试，教育者向学生和公众尽责。

课程考试管理是一项基本的教学管理工作，是保证考试的公正性和客观性、正确发挥考试功效、促进教学工作的关键环节之一。考试管理质量直接关系教风、学风的建设和教学质量的提高，是衡量高校办学水平、管理水平的重要标志。加强高校课程考试管理应遵循以下原则：

1. 方向性原则

考试管理是管理者根据既定考试目标要求，运用适当的程序、方法、手段及行为规范，合理调配人力、财力、物力、信息等资源，对考试活动实行有效控制，以实现共同目标的一种社会活动过程。考试管理既因一定管理目标的需求而启动，又以实现预定目标为归宿，其管理过程的产生与形成均以一定的管理目标为先决条件，而目标本身又要体现一定的方向，目标的正确与否要以所引导的方向是否正确为衡量的标准。因此，科学的考试管理必须坚持方向性原则。

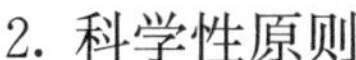

2. 科学性原则

科学性原则是指运用现代管理理论、教育测量与评价理论、教育管理理论、心理学理论等作为充分的科学依据，使考试管理活动具有可靠性、可信度，并且采用科学的考试管理方法、成熟的管理经验，使考试管理活动行之有效，以利于实现预期的管理目标。

3. 公正原则

考试管理公正与否，关系到考试的权威性，反映的是校风、考风的建设程度；此外，考试直接关系到被试者的切身利益，直接影响被试者的心理，影响着个体对社会的态度。因此，我们要积极地创造条件使考试尽量接近公正。

4. 系统原则

系统是指由相互联系、相互作用的若干组成部分构成的有机整体，这个整体具有其各个组成部分所没有的新的性质和功能，并且与一定的环境发生交互作用。考试管理是一项系统工程，包括教学管理工作、德育工作、后勤保障工作等，涉及教学系部、学生处、党团组织、总务、保卫等部门。教学管理部门要妥善安排，使考试工作井然有序地进行。

（二）高校课程考试管理运行条件的探讨

考试管理的目的在于维护考试的标准规范，维持考试实际运作与计划方案相一致，使考试沿着预先设定的轨道运行，同时对不切实际的计划予以及时调整，纠正运行过程中出现的偏差，矫正反馈信息中不确切的数据或结论，保证考试结果的真实性，并且从中分析成功与失败的原因，探明修正的途径，通过反馈给予新的考试运行理论和实践依据。将考试目的从观念形态转化为现实形态，高校课程考试管理的正常运转应具备以下条件：

1. 健全的考试组织机构

若无健全的考试组织机构，自然也就谈不上深入开展考试实践中相关问题的研究，要不断更新、完善考试理论，用来指导新的考试实践，进而强化考试并主动适应社会发展需求，使之正确发挥功能。考试组织是考试队伍的依附体，考试组织不健全，就不可能形成稳定的专业考试队伍，整个考试的设计、实施与管理必然是临时拼凑的，量尺标准、实施规范、结果真实的施考目标就难以企及。

2. 素质优良的考试管理队伍

一切先进的控制技术设备、各类考试行为规范、各项工作标准都依赖于高素质的控制者通过对人的有效控制充分发挥其作用，进而给予考试运行积极的影响。培养和造就一支高素质的考试管理队伍是保证考试质量、提高考试效率和效益的需要。参考考试管理系统的运行环节，考试管理队伍可被划分为考试行政队伍、考试业务队伍、考试科研队伍三类。

考试行政队伍是考试队伍中常规性的人员配置组合，包括高校、职能部门及教学单位的领导者和一般行政工作人员。考试行政队伍的职责是负责考试管理机构各项职能活动的顺利进行和考试管理目的的有效实现。

如果说考试行政队伍的建设是源于加强考试活动外部组织管理的要求，考试业务队伍的建设则是出于考试流程内部运行的要求。考试活动是一个动态的运行过程，其流程要经过命题、施测、评卷等依次相连的环节，各个环节都事关考试的质量。以命题队伍为例，倘若命题人员不能把人才评价标准准确地体现在测试内容和目标中，作为充当测试工具的试卷就失去了效用，考试活动的效果、价值也就无从谈起。

考试科研队伍是伴随着现代考试改革和发展的深入而日益显示重要性的一支必不可少的考试队伍，其职责是结合高校教育教学实际，重点研究课程考试的理论与实践问题，从而为高校的考试活动提供理论指导。高校课程考试时间的非经常性决定了考试管理队伍的非专职性，即他们基本上都是兼职考管人员。应该特别指出的是，为了保证课程考试质量的不断提高，非专职性的考试管理队伍应该具有专业水平。

3. 健全的考试规范、严密的考试程序和科学的考试控制标准

它们是实行考试控制的依据和准则，是引导考试运行方向、防止考试运行偏离预定轨道的保障措施，同时也是维护考试权威性、公正性的必要

条件。所谓考试规范，即考试运行的规程和参与考试活动各类人员的行为准则，是控制考试运行的直接依据，一般包括考务规程、命题细则、监考守则、考场规则、评卷实施细则、考试信息管理规定、保密规定、违纪处罚规定等。严密的考试程序是指从考试命题、实施到评价、分析、反馈、考场编排、各类工作人员配置等各个环节都要严格要求，注重考试的整个过程。科学的考试控制标准包含时间标准，如命题制卷、考场设置、施测、阅卷评分、考试结果分析处理等的起止时限要求；数量标准，如考点设置、考场编排、试卷长度和满分值、试卷印制与分装、施测环节各类工作人员配备、阅卷人员及所需设备配置的数量规定等；质量标准，如考号及考场编排的科学性，考点、考场设置的规范性，各类人员配置的合理性，施测控制的严密性，试题编审和试卷印制的合格率，试卷分装的标准性，评分、计分、登分、核分的准确率或差错率，以及考试成绩的可靠性、有效性和公正性等。

4. 良好的信息传输与反馈机制

倘若没有确切的信息反馈，科学的统计方法和先进的技术手段就谈不上对考试流程进行富有实效的控制。从整个考试的过程来看，考试质量分析是信息反馈的主要途径，应该根据考试结果为学生提供反馈，以检查教学目标的实现情况，检查教学措施的实施效果，发现教与学两方面存在的问题，从而改进教学工作。研究表明，运用反馈以增加学生课堂反应数量和提高学生课堂反应质量的教学，对促进大学生批判能力的发展具有一定作用。从教师自身而言，在试题反馈分析的过程中，能够及时收集来自学生的真实信息，是一次向学生学习和自我学习的过程，通过试题反馈分析，教师不仅了解了学生的学习需求和希望，看到了命题中需要改进的问题，还能从这一教学情境中获得许多启示和感悟，通过与学生交流，促进教学反思，在反思中学习，在反思中丰富教学经验，从而提高教学能力。从教学管理的角度而言，组织试题反馈分析的过程就是检查、反思、总结、促进教学相长的过程，它为今后命题、考试、评价等诸方面教学管理工作积累了宝贵的经验，同时也为教学双方提供了一个平等、真诚的教学交流和情感互动平台，对师生双方都起到了积极的促进作用。通过考试的质量分析，能够使考试决策层及时客观地了解考试情况，从而对考试活动中出现的种种偏差进行分析，以探明造成考试偏差的原因并进行调节和控制。良好的信息传输与反馈是保证考试决策正确的重要依据，也是促使考试走向科学化的必要措施。

三、高校课程考试管理改革的对策

高校课程考试管理是一个由多因素组成的相互制约、相互促进的封闭的动态系统。因此，改革高校课程考试管理应该坚持系统论的观点和方法。

（一）推进考试观念的深层次转变

思想观念是行动的先导，“欲革新，先革心”。转变高校领导、教师、管理人员乃至学生对课程考试的观念，是推进高校课程考试改革的前提和基础。关于考试观念的转变，必须解决三个问题：首先，必须正确认识考试在人才培养中的作用和地位。其次，到目前为止，高校从领导到教师再到一般教管人员虽然对此有所认识，但在实际工作中并未重视其作用的发挥，或者基本没有研究过如何去发挥这种作用。这里要强调指出的是，高校领导、教师和教管人员不仅要在口头上，还要在思想上真正承认考试是一门科学，要真正弄清、弄懂这门科学，因为唯有了解和掌握考试理论、运行规律、方法与技术，才有可能在课程考试中正确、有效地运用这门科学。最后，必须正确认识考试管理是一项关系考试成败、人才培养质量的系统工程。考试活动是一门科学，考试管理活动是考试活动的重要组成部分，所以考试管理理所当然也是一门科学。考试管理不仅是一门科学，还是一项系统工程。对于高校领导、教师和教管人员来说，一要真正认识考试管理是一门科学，是一项关系考试成败、人才培养质量的系统工程；二要学习、掌握这门科学，了解、熟悉这一系统工程的特点、运行规律和控制理论与方法等，这样才能确保课程考试组织实施的科学有效性。

（二）建立考试中心，完善考试管理规章制度

考试管理要系统化、规范化，首先必须建立健全考试管理机构。考试是一项系统工程，为保证考试顺利进行，提高考务人员的业务水平和考试管理质量，高校应该成立考试中心，统一管理高校课程考试。作为高校考试的综合管理机构，考试中心的职责与任务包括以下几点：

1. 统一规划、组织和实施高校的课程考试

传统课程考试的模式是高校制定统一的要求，各教学单位自行命题、制卷、施测、评卷、登分，有的高校有总结评估的环节，有的高校没有。课程考试事关人才培养质量，又是一项科学性、技术性很强的系统工程，应该由高校即考试中心统一规划、组织和实施。

2. 建立、完善课程考试管理规章制度并坚持严格实施

课程考试的主要目的或功能是育人，有利于人才的培养和成长。为了实现这种功能、达到这种目的，课程考试及管理就必须科学严密，故对其管理必须有一整套科学、合理、严密的规章制度，并且在课程考试中坚持严格实施。

3. 针对高校课程考试的实际和需要开展课程考试的评估与研究

对实施的课程考试组织分析、评估和根据需要开展具有针对性的研究，一直是高校的薄弱环节，而这又是一项提高课程考试质量、促进人才培养质量提高的重要工作，所以这将是考试中心的一项十分重要的任务。

4. 承担考试管理方面的人员培训

课程考试的监考人员一般是临时的和兼职的，对其进行培训是必需的，如组织他们学习《监考须知》《学生考试行为规范》《考试违规处罚条例》等，要求他们以高度的责任心和严肃认真的态度对待每一场考试。

（三）培养和建设高素质的考试管理队伍

精干的考试管理队伍是有效发挥考试管理功能的根本条件之一。严明的法纪可以使考试管理从制度上得到保障，健全的机构可以从组织方面保证考试管理功能的正常发挥，但如果没有一支精干的考试管理队伍，无论

多么严明的法纪、多么健全的机构，都很难产生实效。课程考试属于校内考试，与社会考试相比，其规模较小，只是高校工作中的一项，而且时间是间断的，然而这一切并不意味着课程考试管理就不需要高素质的管理队伍，高校应重视课程考试管理队伍的建设。

考试管理队伍的构成：一是科研队伍。考试实践证明，没有科学的考试理论做指导，就不会有成功的考试实践，尤其是现代的考试管理，更需要科学的管理理论、方法、技术和手段。只有在考试管理实践的过程中，有重点、有针对性地开展考试及考试管理方面理论、技术、方法等的研究，才能使考试工作决策符合科学化的要求，从而发挥考试应有的功能并促进高校发展。二是行政队伍。考试行政队伍直接关系考试管理机构各项职能活动的顺利进行和考试管理目的的有效实现，对提高考试管理工作质量具有重要意义。三是业务队伍。考试业务队伍是根据考试流程的运转出现的，随着各个环节职能的实现，相应的业务队伍也就暂时失去存在的必要。它包括命题队伍、实测队伍、评卷队伍及评价、监督队伍。

兼职性、非常设性和专业性应该是高校课程考试管理队伍的基本特征，也应该是高校抓考试管理队伍建设过程中应遵循的基本原则。所谓兼职性和非常设性，是指课程考试管理队伍的组成人员不可能是专职的（高校考试中心的人员例外，这一部分人员只占整个队伍的很小比例），他们平时可能在学校机关、教学单位或高校的其他单位工作，只是在高校组织课程考试时才成为考试管理人员。所谓专业性，是指这支队伍的成员应该具有专业化水平，即他们中的绝大多数人虽然不是以考试管理为职业，但都应该了解和熟悉自己在考试管理中所从事的那项工作所必须了解和熟悉的理论、技术等专门知识和技能，并且具有做好这项工作的较强的能力。没有职责就无所谓管理，高校对这支特殊队伍的管理也应与其他队伍的管理一样，分工明确，职责明确，考核明确，奖惩明确。

（四）实施科学的教考分离制度

教考分离制度是一种现代教学管理手段。所谓“教考分离”，是指将教学与考试分开进行，即将过去某一课程由任课教师自己命题、自己评分的做法改为从规范、标准的试题库中筛选、组合出符合要求的试卷，或者由教学管理部门组织教学经验较为丰富的非任课教师依纲命题，并且统一组织考试、统一评阅试卷。实行教考分离的目的是提高考试的质量和水平，为学生成绩的评定、教师的教学评价及教学管理决策提供科学依据。它有利于促使教师授课全面系统地贯彻教学大纲的各项要求，促进学生端正学习态度和良好学风建设。这样既能促进教师的教，又能促进学生的学，充分体现了教师的主导作用和学生的主体作用相结合的教学原则，充分调动了师生的积极性。推行高校的教考分离需从以下 4 点入手：

1. 加强宣传，统一思想

教考分离势在必行，但大部分教师与教学管理人员对此认识还不足，心理上也还不太适应，甚至认为推行教考分离是对教师的不信任，表现了明显的抵触情绪，这在一定程度上增加了推行工作的难度。因此，推行教考分离的首要任务是加强对教考分离制度作用和意义的宣传，从高校上层、中层到教师，层层推进，调动各方面的积极因素，使认识统一到培养合格人才上来，以有利于逐步实施教考分离制度。

2. 科学合理地安排实行教考分离的课程

从教学总体效益来讲，并非对每门课程实行教考分离都是有利的，如文科类的一些课程，本身要求学生涉猎广泛，如果把试题局限于课堂内的几本书，显然不利于培养学生的综合能力；又如理科的一些专业性很强、难度很大的后续课程，高校常常只有一两个教师熟悉课程内容，推行教考分离也不太切合实际。因此，高校应该在充分调查研究的基础上，科学合理地安排实施教考分离的课程。

3. 积极修订教学大纲，为实施教考分离建立前提条件

多年来，不少高校的课程大纲建设一直滞后，很多课程的大纲几十年不变，不能适应时代的变化，还有很多课程没有教学大纲，原因是在以前教考合一的制度下，课程缺少大纲的矛盾暴露得并不明显。教考分离制度

将教与考分为两条线，没有课程大纲则无法组织有效的教学，更无法组织有效的考试。因此，高校应积极组织力量修订、制定课程大纲，为实施教考分离创造前提条件。

4. 建立高质量的题库，使教考分离更科学化

实行教考分离的重要途径是建立科学的题库。科学的题库可以提供各种规格、各种层次及科目的试题，采用试卷库的试卷可以克服由于教师命题的随意性带来的信度差和效度差的弊病，试卷库的试卷是由水平较高的非授课教师参加阅卷的，这在一定程度上预防和杜绝了授课教师在考试环节中作弊的现象。高校内部考试通过这方面的改进可提高校内考试的质量和权威性，但建设科学的题库、卷库并非一蹴而就的事情。它既是一项阶段性的、多方人员合力攻坚的综合技术工程，又是一项长期的、由专业技术人员不断充实、革新、完善的系统工程。在高校中，因学科、专业的多样性，试题要注意学科性、专业性，以及适应学生能力、教学水平变化的需要。

（五）考试方式多样化

高校应鼓励教师根据本门课程的性质选择灵活多样的考试方式，突出课程的考核重点。国外高校考试的方式至少有二十几种，如无人监考考试、论文、开卷考试、阶段测试、试验和实地考察、答辩、专题讨论、口头演示、同学评价、图片演示、设计、制图或模型、个人研究项目、小组研究项目、自评、以计算机为基础的评价、资料分析、书评、图书馆运用评估项目、课堂表现、作文、实习和社会实践笔记或日记、口试及闭卷考试等。国外考试的显著特点之一就是每一种形式都有与之相配套的设施和措施为后盾，以保证整个考试的有效性。对于国外高校校内考试的所有形式和方法，我们不可能也不必照搬，但可以借鉴其指导思想。

根据我国的实际情况，高校可采用七种基本考试形式：一是闭卷考试。在考试中不允许携带和查看任何资料的一种用笔答卷的考试方式。二是开卷考试。在考试中允许携带和查看资料的一种用笔答卷的考试方式。该方

法根据允许携带和查看资料的限制情况，可被分为全开卷考试和有限开卷考试或一页纸开卷考试。全开卷考试是指在考试中允许携带和查看任何资料；有限开卷考试或一页纸开卷考试是指在考试中允许携带和查看规定资料或写有学生自己总结和归纳课程内容的一页纸。三是口试。应试者通过口头语言来回答问题的一种考核方法（含答辩考核），是面试中常用的一种方式。四是成果考试（如设计、论文、报告、成品等）。应试者就某个具体问题或任务、项目通过查阅资料、计算、绘图和制作等环节，用规范的方式作出书面表达或形成实物作品的一种考核方法。五是操作考试。通过应试者现场操作或具体的工作实践，直接检测应试者所具备的从事某种工作的现有素质、技能的一种方法，包括实务作业、样本操作和模拟操作等测试方式。六是计算机及网上考试。直接在计算机上答卷的一种考试方式。七是观察考核。通过对学生进行一定时期的观察，对其作出评价的一种考核方法。

每种考试方式各有其特点，单凭一种考试方式不可能全面反映学生综合运用知识的能力，应采用其中几种方式，相互组合以取长补短。这样既可以考查学生掌握知识的程度，又可以检验学生运用所学知识解决实际问题的能力，使考核结果更全面。此外，还可以通过奖励措施鼓励并引导学生从多方面、多角度用多种方法解决同一问题，以培养和发展学生的创造思维能力。选择最佳的考试方式是提高考试效度的重要途径，适当灵活的考核方式能够进一步提高学生的学习主动性和自觉性，从而进一步巩固和深化所学课程的知识，举一反三、触类旁通，既能帮助学生克服死记硬背的学习习惯，又能锻炼他们各方面的学习能力，从而达到育人的目的，同时也在一定程度上减弱了学生作弊的动机。改革考试形式并不是简单、孤立的问题，它需要各方面的配套改革措施，需要有规范的教学政策和条件来支持，尤其要求改革传统的教学管理体制。考试形式与教学思想、教学内容、教学方法、课程安排和师资队伍建设等密切相关，所以考试方式的改革不仅需要鼓励广大教师改革考试的内容，还需要各方面的配合与协作。

（六）重视平时考试

加强对学生的平时考核，并不是频繁增加考试次数，而是任课教师在教学过程中，根据不同阶段的教学要求，灵活运用提问、讨论、作业、小论文、小测验等方法了解学生的学习状况，并且通过测验获取教学信息，从而指导教学更好地开展。

（七）实行全程管理

考试管理分考前管理、考中管理和考后管理，如某一环节的工作不到位，就会失去考试的真实性、客观性和公正性，达不到考试的真正目的和效果。因此，需要做好考前的计算机抽题组卷、试卷打印、分装保管、保密等工作，合理编排考场、考号，对监考人员熟练进行业务培训；考试结束后，要实行统一阅卷制，建立试卷分析制度，进行考试后的评估。使用现代化的手段科学编排考场，应按考场的大小确定考生人数，实行单人单桌，考生之间间隔两个以上座位，学生凭准考证或学生证进入考场。对考生实行保密号就座的方法，即每场考试前由计算机对考生随机编号，考前15分钟由班主任宣读每个考生的保密号，考生按保密号进入相应的考场并对号入座参加考试，考试时把保密号填写在试卷的指定位置上。评定考试成绩后，可将保密号及分数输入计算机，系统就会自动对号还原学生成绩。这样做首先能杜绝替考现象；其次能有效地减少学生协作作弊和偷看现象；最后由于试卷上除保密号外不再出现学生的学号和姓名，防止了在阅卷统分过程中教师给学生加入“人情分”。考试质量分析和信息反馈是现代考试流程的一个基本环节，是现代考试管理的一项常规工作，通过考试质量分析这个环节获取的大量信息经过整理、研究，并且及时进行信息反馈，对于改进和完善考试工作、提高考试质量、促进考试走向科学化具有重要作用。

（八）网络化考试——知识和信息时代高校考试的改革方向

21世纪是知识和信息“爆炸”的时代，高校课程考试方式和内容应与时俱进，顺应知识和信息快速发展的趋势，充分运用信息时代网络信息平台提供的方便，使考试管理既严肃科学，又灵活多样和开放。我们要以激发学生学习和探索知识的兴趣为前提，使学生处在相对轻松的课程学习过程中，为掌握更多的知识和提高分析解决问题的能力而学习，以提高教学质量。

1. 实施网络化考试，顺应知识和信息快速发展的趋势，提高考试质量

许多学者对目前高校考试中出现的种种弊端进行了分析，提出许多具有针对性的建议或措施。针对考试方式，提出打破传统的以“闭卷”考试为主的方式，应根据不同专业、不同课程的性质或特点，灵活运用闭卷、开卷、笔试、口试、答辩、论文、操作等多种考试形式和方法，并且增加考试机会。针对考试内容，提出拓宽考题所涉及的内容，增加考核学生分析和综合运用能力的题型。在命题时，严格考试命题，坚持教考分离，严控命题环节，加强试题库建设。在评价中，可以通过学生自评、学生互评、小组评价、教师评价等多种形式进行。通过这些丰富多样的考核形式，促使学生开放型个性和创新意识的形成。

2. 网络考试的优势

网络考试是指通过局域网或互联网，并且利用计算机进行考试的行为。网络考试与在线考试及网上考试的概念是一致的。网络化考试将传统考试的各种工作流程通过计算机实现信息化和电子化管理，使各种考试可以在网络平台上实现，包括组卷系统、考试系统、阅卷系统、成绩查询分析系统、试卷制作管理系统。该种考试形式在实现无纸化考试的同时，也强化规范了教学评估手段，适应多媒体教学的层次和水平，同时也提供了科学准确的教学研究数据，具有传统考试形式不具有的优势。

3. 高校全面实施网络化考试的条件

目前，高校已有完善的网络系统，包括信息联网共享系统和大型计算机房，并且许多学生都有自己的个人电脑，高校实施网络考试的硬件已经具备。同时，高校还具有一批高水平的具有计算机专业知识的教师和相关技术人员；所有高校大学生在入学第一学期都有计算机基础应用课程，这

为进一步提高大学生的计算机理论和应用打下了基础；许多成熟的网络考试平台或软件已被应用于不同行业的考试中；许多高校都有计算机和信息技术相关专业等，这些都是高校实施网络考试的软件。通过合理的调配和运用这些硬件和软件，高校已具有了全面实行网络化考试的条件。

4. 网络化考试具有许多明显优于传统考试形式的优点

（1）网络考试要求具备高质量的科学全面的题库。我国高校无论从规模、数量和质量还是师资水平等方面，已具备各专业和学科标准化和高质量的题库建设水平。我们可以通过由不同高校相同专业推选优秀的专业教师组成考题题库命题机构，通过搜集、整理历年题库和命题，并且在此基础上根据不同课程的发展现状，建立不同专业课程的高质量的试题库。由于命题机构是由同一学科优秀的专业教师组成，试题的科学性、全面性会得到最大限度的提升，并且会不断通过不同高校学生考试结果的检验和随着学科的发展而不断改进和更新。

（2）网络化考试有利于培养和考核学生分析解决问题的能力。由于试题科学性、全面性的优化，能够考核学生的学习效果和分析解决问题的能力，这也同时要求和促使教师不断地自我学习，改革和改进教学方法、教学内容和教学水平，促使学生不断改进学习方法和学习态度，以提高自身的综合学习能力。

（3）由于有了高质量的题库和网络考试，很容易实现同一门课程在不同时间进行多次考试，改变了传统课程考试频次太少和一次性闭卷考试对学生造成沉重心理压力的弊端，使学生处在一个相对宽松地探索知识、提高分析和解决问题能力的学习环境中。

（4）实施网络化考试能够有效地预防舞弊。实施网络化考试可以减少或杜绝教师划定考试范围和送“人情分”，以及学生抄袭等行为，所以其同时具有间接端正教风和学风的作用。

（5）实施网络化考试提高了考试成绩的区分度、效度和信度。由于统一的高质量的试题和科学的评价标准，以及试题的科学性、全面性的提升，使考试成绩的区分度、效度和信度得到了有效提升。

(6) 实施网络化考试能够节约人力资源。实施网络化考试能够节约教师的命题和阅卷时间，可以使教师把更多的精力和时间用于教学和科研，以不断提高教学水平和教学质量。

(7) 实施网络化考试有利于学生更好地运用网络信息探索和学习科学知识，从而培养学生良好的上网习惯。实施网络化考试除了具备科学全面的题库外，与之相适应的相关学科的网络学习和复习资料也能为学生的学习辅导提供方便。学生在进行长期网络课程资料的查询和学习中，会潜移默化地把网络作为探索、学习的主要工具，而不仅仅是一种消遣和玩游戏的平台，从而达到培养学生良好上网习惯的效果。

(8) 实施网络化考试具有巨大的经济和社会效益，对构建节约型的可持续发展的社会具有积极作用。例如，能够节约大量的纸张和油墨等消耗性和污染性材料，从而减少土地和植被的消耗，减少环境污染。

(9) 高校实施网络化考试对推动网络考试的全社会普及有着重要的示范作用。作为科学技术创新发展主要源泉的高校，对推动科学技术转换为生产力发挥着巨大的示范作用。

正是由于网络化考试明显优于传统考试形式的诸多优点，实施网络化考试成了高校考试改革的一个重要方向。

第六章 高校行政管理与教育教学质量管理

第一节 高校行政管理

高等院校行政管理体制改革是当前我国高等教育体制改革的核心，也是改革的难点。高等院校行政管理体制改革既包括教育行政管理体制改革，也包括高校内部的行政管理体制改革。虽然我国在高校行政管理体制改革中进行了不断探索和实践，但由于我国的具体国情和一些体制性原因，使改革多处于系统改革不够、局部推进的阶段，产生了不少的问题，同时也影响了高等教育改革的整体效果，并且一定程度地阻碍了改革的进程，增大了改革的成本。

历史赋予高等教育的重要使命、社会大环境对高等院校的影响及客观存在的问题都对高等院校行政管理体制改革提出了迫切要求。政府和高等院校必须深入分析高校现存问题，找准原因，积极探寻解决办法，要在转变政府管理职能、扩大高校办学自主权、加强宏观调控、改革管理手段和方式等方面下功夫，高校自身也要积极转变观念，破除“官本位”，改革官僚化，倡导学术，还权学术，及时调整和转换管理职能，加快人事分配制度改革、社会保障制度改革，积极引入市场管理理念和管理机制，提高办学效率和办学效益，从而促进高等院校整体改革的深入发展。

一、高等院校行政管理体制改革研究

当前，国际竞争主要体现为综合国力的竞争，特别表现为人才的竞争。高等教育作为培养和造就高素质人才的核心阵地，受到世界各国的普遍重视和大力扶持，不论发达国家或发展中国家，都把高等教育作为本国发展战略的重要内容，这已经成为普遍经验。目前，我国正致力于建设惠及数以亿计人口的全面小康社会，纵观外部环境和内在条件，对于我国这样一个人口大国，如何把众多人口的压力变成建设全面小康社会的人力资源优势，并且实现人力资源向人才资本的转变，为国家培养千百万人才，全面提高国民素质，作为高等教育重要承载的高等院校，在新时代被寄予了更高的期望，同时也面临着更加严峻的挑战和难得的发展机遇。

为迎接这一挑战，近10年来，我国高校在教育体制上进行了不断探索和实践，先后在教学体制、招生就业体制、办学体制、行政管理体制等方面进行了大刀阔斧的改革和调整，基本理顺了体制关系，调动和发展了高校的办学积极性，办学效益初步得到实现，高等院校在社会经济发展中占据了越来越重要的位置。高等院校行政管理体制作为高等教育体制的核心和关键，在高等教育体制改革中发挥着特殊的不可替代的重要作用，在新世纪高等教育的历史使命中扮演着非常重要的角色。高等院校要完成时代赋予的历史重担，就必须在大力加强教学科研工作的同时，努力建设一套科学、有效的管理制度和一支高素质的管理队伍，为教学科研和社会服务工作铺路搭桥、保驾护航。这些年，虽然在高校行政管理体制上先后出台了落实办学自主权、高校合并、后勤社会化改革、高校人事制度改革、“211工程”和“985工程”建设等，促进了高等学校的发展和进步，但由于以前较为僵化的管理模式依旧存在，改革多为局部改革，缺乏整体推进，有些改革不够深入，使改革的整体效益得不到较好体现，束缚了高等院校的改革和发展。

目前，很多学校的办学自主权难以落实，政府仍管了太多不该管也管不好的事情，高等院校的发展受到了限制，学校内部由于没有进行相应的职能转变，缺乏实质性“较真格”的制度改革，一些机构、人事、分配改革流于形式，换汤不换药，没有触动原有体制的根基，学校机构林立，分配激励机制影响了职工积极性的发挥。特别是在中国加入 WTO 后，中国教育逐步向国际社会开放，高等教育的大众化、国际化在各个方面对中国高等院校产生了冲击。因此，进一步推进和加强高等院校行政管理体制改革显得非常重要和紧迫。

目前，有关高等院校行政管理体制改革的研究比较多，如对办学自主权的研究，对高校合并的研究，对领导体制的研究，对办学体制的研究，对人事改革的研究，等等。但是，这些大多是对高等院校行政管理的某个方面或局部的研究，对行政管理体制的系统性研究不够，已有的研究也多以对策研究为主，缺乏对一些较深层次原因的深入探究。笔者认为，高等院校行政管理体制改革是一项系统工程，需要进行全面的深入的分析，并且进行系统的科学的改革，才能产生整体改革效益。此问题的深入探讨和不断完善，有助于中国高校的发展和完善，有助于中国高等教育水平的整体提高，有助于中国新世纪宏伟目标的实现。它需要众多专家学者进行及时的理论分析、总结和理论构建，需要政府和学校管理层对此问题予以高度重视，转变观念和思路，积极实践。但是，历史积淀的“人治”传统、“官本位”观念对中国高校管理体制的改革具有不可忽视的影响，要实现我国已经明确的新世纪高校的改革发展目标将是一个长期的、艰巨的任务。进行中国高等院校的管理体制改革必须把问题放到既定的客观环境中，即抓住事物的主要矛盾和矛盾的主要方面，它需要更多的人对此进行更加自觉、深入的理论研究和实践探索，深入探寻现代高等教育发展的普遍规律，进一步为高等学校的管理体制改革提供科学有效的理论指导。必须加大研究力度，并且进行科学、系统的改革和完善，才能激发高等院校行政管理的活力，进而为高等院校的其他管理体制改革提供坚实的基础保障。

高等学校与高等教育的概念一样，人们对其的理解不尽相同，主要有两种：一是高等学校即高等学校系统，包含各级各类高等学校；二是高等学校即大学。笔者认为，结合我国的实际和人们的约定俗成，高等教育更多表示一种社会系统，专指高等教育这一行业。高等学校作为高等教育的具体承载和表现形式，应更多地包含各级各类高等学校，而不应仅仅局限于大学。这里所说的高等教育，特指普通高等教育，不包括成人高等教育、军事高等教育、民办高等教育或其他非正规的高等教育。这里所说的高等学校，仅限于普通全日制高等学校，不包括成人高等学校、军队院校、民办高校和其他非正规的高等学校。从严格意义上讲，高校的内部管理不能被称为行政管理，但由于我国事业单位的特殊背景，它们之间有许多共通的东西，称之为行政管理在一定意义上是符合实际情况的，所以在此并未作出严格区分。

高等学校行政管理可被分为两个层次：一是指国家教育行政部门对高等学校的教育行政管理；二是高等学校内部的行政管理。高等学校内部的行政管理体制是高等学校管理体制的一部分，高等学校管理体制包括多方面的内容，如招生就业体制、投融资体制、教学管理体制、科研管理体制、后勤管理体制、行政管理体制等。

二、我国高校行政管理制度的历史回顾

我国自1956年至1992年建立并实施了30多年高度集中的计划经济体制，国家、政府对整个经济的控制以高度集权的直接管理为基本特征。在这一体制背景下，我国的高等教育管理体制与计划经济体制的特征是完全吻合的，主要表现在以下几个方面：

（一）集中且直接的管理

在中央与地方的关系方面，主要以中央集中且直接管理为主。高等教育事业主要事务的决策权和最终决定权在中央。从学校设置、专业调整、招生、毕业生分配、教师调配到经费划拨等，都由政府与学校发生直接关系，地方政府根据中央的决定开展相应的工作，一切向上级机关负责，高

校如同政府的一级行政机构。

（二）以行政管理为主

高等教育管理的手段一般包括立法、拨款、规划、信息服务、政策指导和行政手段等。几十年来，我国对高等教育的管理以行政手段为主，拨款、规划、信息服务和政策指导等都带有强烈的行政色彩。

（三）以封闭式管理为主

高等学校是社会的一个组成部分，它无法孤立地存在于社会之外，尤其是随着社会的发展，高校与社会之间的关系日益密切。高校的三大职能是培养人才、科学研究和直接为社会服务，学校的人力、物力、财力及工作成果反作用于社会，无不通过学校管理去实现。因此，学校管理过程的一个重要特征就是封闭性与开放性的辩证统一。但是，长期以来，我国高校与社会之间、高校之间、人才培养与使用之间缺乏必要的沟通和联系，社会参与管理度低，人才培养质量缺少科学的评估和反馈系统。

（四）以校务委员会为主

在校内管理模式上，新中国成立初期是学习苏联采取校（院）长负责制。1958 年，《关于教育工作的指示》要求“在一切高等学校中，应当实行党委领导下的校务委员会负责制”。1961 年，《中华人民共和国教育部直属高等学校暂行工作条例（草案）》即“高校六十条”，规定实行党委领导下的以校长为首的校务委员会负责制。学校的机构大体与政府相关机构对应设置，实行准行政化管理。

自 1978 年实行改革开放以来，我国的社会经济发展取得了长足进步，高等教育事业同样由恢复、重建起步，逐渐走上了深化改革、稳步发展、建设中国特色社会主义高等教育体系的道路。以高等教育管理体制改革作为这一阶段高等教育体制改革的重点，其主要经历了以下三个阶段：

第一个阶段是从十一届三中全会到《中共中央关于教育体制改革的决定》的发表，这是我国高等教育体制改革的“酝酿、启动”阶段，其改革重点是扩大高校办学自主权。在十一届三中全会的推动下，我国高等教育进入了一个“加速发展，拓展办学形式”的新阶段。这一时期高校面临的主要矛盾：社会急需人才，高校渴望挖掘自身潜力为社会多做贡献，但又深感现有的高教管理制度和规章把高校的手脚捆得过死，所以高校有一股强烈的“扩权”的愿望和要求。其突出标志是1979年《人民日报》发表的复旦大学校长苏步青等几位著名大学的校长、书记关于《给高等学校一点自主权》的呼吁。在此舆论的先导之下，全国开始了以高校自主权为重点的第一轮高教管理体制改革。

1983年，教育部召开了新中国成立以来的第二次全国高等教育会议，讨论了今后一段时期高等教育的工作方针，即确定继续贯彻“调整、改革、整顿、提高”的方针，加大调整、改革力度，继续进行整顿，加快发展步伐，努力提高教育质量。教育部和一些地方政府实施了扩大高校自主权的初步措施，实际上开始了高校与政府关系的调整，也标志着原有高度集中统一的高教管理体制面临着挑战。在我国改革开放全面展开的大背景下，教育体制改革也逐渐展开。1985年5月，中共中央、国务院在北京召开全国教育工作会议。同年5月27日，《中共中央关于教育体制改革的决定》颁布，标志着我国的社会主义教育事业进入全面改革的新的历史时期。

第二个阶段是从《中共中央关于教育体制改革的决定》发表到邓小平同志南行讲话和党的十四大明确提出建立社会主义市场经济体制的改革目标，这是我国高等教育体制改革“全面展开”的阶段。这一阶段改革的特点：“教育大体制（管理体制、办学体制、投资体制、招生分配体制、内部管理体制）”的改革在“相互配合、相互促进和互相制约”中全面向前推进。1985年5月，《中共中央关于教育体制改革的决定》指出了我国高教管理体制上存在的弊端，即在教育事业管理权限的划分上，政府有关部门对高等学校统得过死，使学校缺乏应有的活力，而政府应该加以管理的事情又没有很好地管起来，为此明确提出要从根本上改革这种状况，认真“改革管理体制，在加强宏观管理的同时，坚决实行简政放权，扩大学校的办学自主权”。

1985—1991年，我国高等教育围绕“五大体制”全面展开了改革探索。推进高等教育管理体制改革的主要进展表现在三个方面：一是在执行国家的政策、法令、计划的前提下，高等学校有权在计划外接受委托、代培和招收自费生；有权调整专业的服务方向，制订教学计划和教学大纲，编写和选用教材；有权接受委托与外单位合作，进行科学研究和技术开发，建立教学、科研、生产联合体；有权提名任免副校长和任免其他各级干部；有权具体安排国家拨发的基建投资和经费；有权利用自筹资金开展国际教育和学校交流；等等。由于自主权的增大，使高校得以主动地面向经济建设主战场挖掘潜力，扩大规模，调整专业，适应需要，促进了高校与社会的密切联系。二是促进了政府职能的转变。政府放弃了一些本来不应管的事情，从而得以腾出精力更有效地加强宏观管理。三是由于扩大了地方管理高校的权力和责任，既充分调动了省级政府管理大学的积极性，又增强了其管理大学的责任感，加大了地方对高校的投入，密切了地方经济、社会发展与高等教育之间的联系。

在高校内部管理上，1978年的全国教育工作会议提出党委领导下的校长分工负责制，1985年的《中共中央关于教育体制改革的决定》中提倡校长负责制，高校内部的职能、管理机构设置、管理办法、人事管理制度、分配制度、社会保障制度等都参照国家机关工作人员的管理办法执行，较之前变化不大，即使有些变化，也仅仅是名称的改变或职能在不同部门之间的转移和调整，如以前的青年部后改叫学生部，管理教工的职能并入人事处等。

第三个阶段是以邓小平同志南行讲话的发表、党的十四大正式确立“建立社会主义市场经济新体制”的改革目标和中共中央、国务院联合颁发《中国教育改革和发展纲要》为标志，开辟了我国教育体制改革的一个新时期。1993年，党中央和国务院发布了《中国教育改革和发展纲要》，确定了到20世纪末我国教育改革与发展的基本目标和任务，这是指导我国20世纪90年代乃至21世纪初教育改革和发展、建设有中国特色社会主义教育体制的宏伟纲领。1994 年全国高等教育体制改革座谈会之后，以共建共管、合并学校、合作办学、协作办学、转化地方政府管理等 5 种形式为主的改革探索取得了显著进展，形成了“共建、联合、调整、合并”的八字方针。1996 年，八届全国人大四次会议批准了《中华人民共和国国民经济和社会发展“九五”计划和 2010 年远景目标纲要》，提出我国教育发展的指导方针、“九五”教育发展的奋斗目标、2010 年教育发展的远景目标、教育改革的总体思路。1998 年颁布《国务院关于成立国家科技教育领导小组的决定》，将加大对科教事业的投入，这再次体现了党和政府重视科技教育在社会主义现代化建设中的作用，以及进一步实施“科教兴国”战略的决心。1998 年 8 月 29 日，九届全国人大常委会第四次会议通过了《中华人民共和国高等教育法》(简称《高等教育法》)，决定自 1999 年 1 月 1 日起开始实施。《高等教育法》将我国自新中国成立以来，特别是党的十一届三中全会以来，高等教育工作中已被实践证明是成功的经验以法律的形式确定了下来，使之成为国家意志、人民意志；同时，它又为面向 21 世纪的高等教育改革和发展指明了方向。1999 年 1 月，国务院批准了教育部《面向 21 世纪教育振兴行动计划》。

这一阶段的改革特点：在“五大体制”改革继续全面深化的基础上，突出“管理体制改革”这个重点和难点，使高校与政府的关系向着和谐平衡的方向又迈进了一步。这一时期，管理体制改革是重点和难点，改革的目的主要是淡化单一的隶属观念，解决原有体制下“条块分割”、管理权限过度集中等状况。进入 20 世纪 90 年代之后，在“共建、调整、合作、合并”的八字方针下，高等教育管理体制改革取得了实质性进展。1998 年实施了对国务院 9 个撤并部门所属 165 所高校管理体制的调整；1999 年实施了对 5 个军工总公司 59 所高校管理体制的调整；到 2000 年，全国有 31 个省、自治区、直辖市及 60 多个国务院部门单位参与改革，有 556 所高校合并，调整 232 所，净减 324 所，有 509 所高校完成管理体制调整（普通高校 296 所)。经过调整，一个结构、布局更加合理，质量、效益更加突出，适应社会主义市场经济发展的高等教育体制已经初步形成。进入 20 世纪 90 年代后，高等学校在校内管理体制上主要实行党委领导下的校长负责制，同时在人事分配制度、机构设置、社会保障等方面进行了一系列改革，如实行了聘任制，打破大锅饭；一些高校内部的院系合并、调整；分房制度改革；医疗、养老保险制度改革等，高等学校逐步走出了封闭的象牙塔。

目前，我国高等教育管理体制改革不断深入，正在向着形成中央和省级政府两级管理、分工负责，以省级政府统筹为主，条块有机结合的体制框架迈进。1999 年，在党中央、国务院的直接支持下，高等教育开始扩大规模，加速数量发展，并且明确提出在 2010 年适龄青年入学率达到 15％左右，高等教育进入大众化阶段，而实际发展进程还要快于这一指标。截至 2011 年年底，中国各类高等学校在校大学生约 2308.5 万人，中国高等教育已全面进入大众化阶段，并且高等教育管理体制改革的整体效果也已逐步显现，高等教育的结构、布局在全国或地区范围内进行优化的势头正在形成，有限的教育资源的配置正在日趋合理，办学效益日益提高，长期条块分割的局面正被打破，逐步走向条块有机结合，使高等教育管理体制向着适应社会主义市场经济体制的方向迈出了重要步伐。

三、我国高校行政管理体制改革的依据

以发展为主题，以结构调整为主线，以政府部门放权和管理体制创新为动力，以提高办学质量为出发点，是这一时期高等教育改革的主要特征。高等教育体制和运行机制正从适应计划经济转变为适应市场经济；资源配置正从政府主导型的计划配置转变为政府宏观指导下的发挥市场调节作用；教育政策越来越体现公平与效率的统一；人才培养规格和模式日益多样化；教育在促进思想道德观念的更新、促进社会进步方面的作用越来越大。建立现代大学制度是当前高等教育改革深化的必然要求，也是内部改革的外在动因。

随着高教改革重心的逐步下移，高等学校本身在改革中的地位和意义

已经越来越重要。发达国家的历史经验也表明，教育的改革必定经历一个从系统的、宏观的层面转向学校层面的过程。这种转向是由高等教育本身的使命和功能决定的，因为人的培养毕竟是由学校承担的。随着高校办学自主权的落实，高校的办学规模和办学内容普遍扩大，内部管理活动的独立性和重要性也日益显现。例如，在发展计划和目标的制定与落实，财政和资源的自主筹措、运作与分配，办学质量的控制，体制的创新与发展，公共关系的开拓与发展，教职员工与学生的沟通以及围绕办学工作的管理与服务等重大问题上，高校的权力越来越大。革除高校内部的种种不适应症，建立具有自我发展、自我约束、精简高效的内部运行机制是建立现代大学的微观基础，也是内部管理体制改革的目标。这是来自高校内部的直接动因。

大学作为学术性文化机构，具有组织的一般特点，又在管理制度和管理模式上拥有鲜明而复杂的特征。由于学术活动的“自然模糊性”特点，使大学的组织目标很难被规定得具体明确，大学也很难像一般社会组织那样严格按照理性管理原则进行管理，如利用科层化和科学管理来设置机构、划分权限和进行明确清晰的职责分工去实现效益的最大化。这种模糊特征决定了大学的管理是追求建立有效率的、灵活的、创新型的管理制度和运行机制，这种模糊特征也表明做好大学的管理工作是有相当难度的。作为规模庞大、职能众多的知识型组织，大学事务正变得越来越复杂，现代信息技术的发展又极大地改变了学校管理的职能和模式，大学的管理职能已经由“传统性学术田园的守望者”转变为“创新性企业型大学的开拓者”，管理在大学的生存与发展中显得越来越重要。加强管理，向管理要效率、要质量、要效益是高校生存发展的根本。

（一）教育行政管理体制改革的因素分析

一定的高等教育总是与一定的社会历史条件相联系，分析社会的宏观背景可以为我们认识、分析高等教育提供更广阔的视野，帮助我们揭示高等教育改革发展的深刻社会动因。研究中国当代高等教育的宏观背景就应该认真分析我国社会主义初级阶段的基本国情，分析当前国内外社会政治、经济、科学技术和文化教育等的发展变化及其对中国当代高等教育所产生的深远影响。

1. 国家政治体制和行政体制改革的深入推进和发展对高等学校行政管理体制改革提出了客观要求

我国政治体制改革本质上是社会主义政治制度的自我完善和发展。我国政治体制和行政体制改革内容的主要表现：完善党的领导机制，实行党政分开，促进党的领导与行政管理的协调统一；强调行政管理权力要进一步下放到地方政府，加强地方政府在区域社会发展与经济建设过程中的主体作用和决策权限，加强宏观指导和监督；解决行政效率低下的问题，消除臃肿的机构设置，精简各级行政机构，增强行政效率。这些方面的改革促进了社会主义物质文明和精神文明建设，扩大了社会主义民主，巩固了人民民主专政，维护了安定团结的政治局面。社会主义政治体制和行政体制的发展变化是我国高等教育管理体制和运行机制发展最深刻的社会动因，为我国高等教育的体制改革和高等教育行政的职能转换创造了有利条件。

2. 市场经济体制的深入发展和不断完善要求高等教育管理体制应进行相应的改革和调整

在社会主义市场经济体制下，多种经济成分的并存和发展冲击着学校办学主体的单一化格局及相应的管理模式。经济主体的多元化排斥着高度集中的教育决策行为，要求决策主体在决策权上作出明确划分。随着包括劳动力市场、资金市场、信息市场等在内的市场体系的健全，市场的多变性、竞争性、开放性及信息网络性等特点，日益要求学校面向社会需求独立自主办学，要求教育行政部门的宏观调控要有合理的依据。

自著名经济学家舒尔茨等人创立“人力资本理论”后，教育资源作为人力资本已被列入生产性投资中，“教育是全局性的、主导性的基础产业”的观点已在世界范围内取得共识。1992 年，党中央、国务院在《关于加快发展第三产业的决定》中明确指出，“教育是全局性、先导性的基础产业”。

高等教育生产的是具有巨大外部效应的准公共产品，即它不仅对受教育的学生有效益，而且对国家和全社会都有效益。这一特征使高等教育又具有“公益事业”的特性，因而不能以营利为目的。但是，高等教育又为经济建设和社会发展培养高级人才，不可能完全由国家财政包办。基于此，在社会主义市场经济体制下，把高等教育作为一个特殊产业来开发，在一些院校和领域采取某些市场机制和企业经营机制，如重视产、供、销的衔接，重视投入与产出，讲求效益，在财政和人事制度上运用适当的竞争机制等，对高等学校的发展是十分必要的。

市场经济的改革促使高等教育观念的转变，进而推动政府制定适应市场经济发展的高等教育政策、法规，这些政策、法规就成了大学与政府关系模式转变的基本依据。现在的大学已成为经济发展和国家生存不可缺少的事物，成为社会的“轴心机构”。在现代社会中，政府愈来愈关心高等教育的发展在国家与社会发展中的作用，愈来愈要求高等教育与社会经济发展相适应，愈来愈倾向于通过立法、行政、经费资助等手段来影响高等教育改革与发展的方向。因此，在现代大学的改革与发展中，政府制定的政策、法规发挥着愈来愈重要的影响力，这在集权式的高等教育管理体制（我国应属于这种类型）中显得尤为突出。当计划经济体制向市场经济体制转变之后，人们逐渐认识到在计划经济体制下，政府大包大揽的方式已不能很好地维持高等教育系统的运转，甚至会成为高等教育继续发展的障碍。解决这一问题的唯一方法是下放权力，让大学具有更多的办学自主权，使它们能独立地面向市场。基于上述认识，政府制定了一系列有关扩大高校办学自主权的政策，最终在1998年通过的《高等教育法》中明确规定了高校在诸多方面的自主权（详见《高等教育法》第三十二条至第三十八条）。应该说，《高等教育法》中关于高校自主权的明文规定是在市场经济条件下实现大学与政府关系模式转变的最重要的法律依据。

在市场经济条件下，高校经费来源的多样化成为大学与政府关系模式转变的经济基础。《高等教育法》第六十条规定：“高等教育实行以举办者投入为主、受教育者合理分担培养成本、高等学校多种渠道筹措经费的机制。”“国家鼓励企业事业组织、社会团体及其他社会组织和个人向高等教育投入。”普通高等教育经费来源构成的这一变化（即政府拨款所占比例的降低和民间资金所占比例的升高），既构成了大学与政府关系模式转变的基础，其本身又是大学办学自主权扩大的一个主要方面。

国民经济的快速增长对高等教育提出了更高的发展要求，为高等教育的更快发展提供了更充分的条件。实行改革开放政策 20 多年后，我国初步建立了社会主义市场经济体制的基本框架，形成了全面对外开放的新格局，社会经济保持持续高速增长，国内需求旺盛，综合国力得到明显增强。到 2012 年年底，我国国内生产总值突破 50 万亿大关，国家经济总量位居世界第二位，人民生活实现了从温饱到小康的历史性跨越，中国进入了全面建设小康社会的历史新时期。毫无疑问，经济的高速增长一方面领先高等教育的快速发展，对高等教育提出更高的发展要求，另一方面也为我国高等教育的持续发展提供了强大的物质基础。可以说，国民经济的快速发展是改革开放以来，我国高等教育持续快速发展的根本原因。

3. 加入 WTO 和高等教育国际化的要求

加入 WTO 标志着我国改革开放进入了一个新的历史阶段，中国在教育服务方面的承诺对高等教育管理体制改革的影响非常深刻，高等教育国际化将成为高等教育改革的一个主要趋势，世界各国的高等教育管理体制和管理模式势必对我国高等教育管理体制和管理模式造成冲击。据此，学校办学自主权、高等教育理念、人才培养模式、学科专业设置、教学内容和课程体系、学生构成成分、教育经费筹措方式等将在不断地对外开放中发生重大变革，不断完善我们自身的管理体制和管理模式。同时，政府的教育管理行为要符合 WTO 有关条款的要求；教育政策法规的制定和执行将会更加公开、透明；要改变教育行政部门对学校的管理方式，清理并减少政府行政性审批，使教育活动运行向着更加有利的管理体制转变，向深化教育行政管理职能的方向转变，由直接管理向宏观管理和间接管理转变，进一步扩大学校的办学自主权。

4. 高校要求落实办学自主权的迫切要求

在国家集中计划、政府直接管理的以条块为主的高等教育管理体制下，高校办学由政府越俎代庖，政府对高校管理的有效性要求不高，只需对上级与计划负责，而不需对经济与社会负责。政府部门为管理而管理的思想严重，便于管理和约束是教育行政部门关注的首要问题。因此，他们管理的典型表现是热衷于不断地下文件、作规定、下指标，习惯于批评通报，喜欢干预学校具体的办学行为，不敢放手让高校依法独立办学，结果使教育行政部门管得过多、过死，管理手段和途径越来越单一，管理职能不断扩大，管了太多不该管也管不好的工作，造成政府自身管理效率和效益的低下。实践证明，这种管理模式严重阻碍了高校管理效益和办学效益的提高，扼制了大学发展的生命力。1985 年颁布的《中共中央关于教育体制改革的决定》中曾指出，“在教育事业管理权限的划分上，政府有关部门对学校主要是对高等学校统得过死，使学校缺乏应有的活力；而政府应该加以管理的事情，又没有很好地管起来。”

目前，我国正在深入完善社会主义市场经济体制，而市场经济体制决定了高校必须解放观念，以市场主体的身份逐渐步入社会大市场。高校越来越成为一个开放的系统，这使高校与社会的联系更加广泛和复杂。高等教育要适应教育与社会一体化的发展趋势，必然要吸收社会信息、资金、技术等各种资源，只有这样才能发挥其功用和效能。高校与社会系统之间，以及由此而引发的高校内部的新情况、新问题越来越多；同时，知识经济时代对知识创新的要求又使高等学校进一步强化了其功用和效能，使其从最初的教学单一功能发展到教学、科研两个中心，继而又从社会服务发展到今天的教学、科研、产业化服务并举，成了决定国家和社会发展的命脉之所系。换言之，高校肩负着发挥多样化办学功能的历史使命。在这种情况下，高等学校必须根据环境和形势的改变灵活调整自身的发展和生存方式。基于此，需要让人才培养的供方（各个高等学校）与需求方直接联系，并且要让供给方具有按照需求方的多种要求灵活调整培养计划的能力，即高校要有办学自主权。一些高校在许多方面对政府转变职能、放权于高校有了更多新的要求和期待。但是，对于落实自主权的问题也不能走到另一个极端，即只重视放权而不重视权责的统一。

5. 高等学校通过近些年的调整、合并，学校规模不断扩大，对管理提出了更高的要求

众所周知，管理不是无限的管理，它的作用对象总是有限的，总有一定的范围，管理对象超出这个范围，对管理的效益和效率就会产生影响，造成管理的低效益、低效率，甚至造成管理混乱、无序、无效。目前，我国高校的数量庞大、规模庞大，高校管理事务庞杂，而市场经济对高校的影响也越来越大，高校的招生、就业、后勤社会化、人事制度改革、融资渠道变化等越来越受到市场、社会的影响，所以必须及时地对传统的管理体制进行改革和创新。

6. 办大教育的要求

人口众多、自然资源相对不足、区域发展不平衡等是我国的基本国情，其对我国高等教育事业的发展具有一定的制约作用，是我们思考有关发展战略与制订宏观规划的基本出发点。为充分发挥现有高校的有限资源，为社会培养更多的建设人才，产生更多更好的科研成果，更好地服务社会，我国需要大力加强高校管理体制改革，充分挖掘管理潜能，发挥管理效益，消除各种体制的束缚性因素，从而让一切创造科研成果、培养人才、服务社会的源泉充分涌流。

（二）高校内部行政管理体制改革的因素分析

1. 教育大众化和教育收费制度的需要

近几年，我国高等学校的招生人数每年都在按两位数的速度递增，学生人数在不断增加，学校规模也在不断扩大。20 世纪 90 年代中期以前，万人大学在中国就是非常了不起的学校，而现在的万人大学比比皆是，动辄三四万、五六万人的大学也不少见，真正可以称得上是一个小城市的规

模。随着并轨招生制度的实行，学生开始缴费上学并开始承担教育成本，由于招生规模扩大，高等教育开始向大众化方向发展，学生缴费上学使高等教育市场化的性质得到一定程度的体现。为此，高等教育成为日常百姓关注的焦点，人们开始关注教育的效益、效率和公正性，这也对新形势下高校管理提出了更高要求，要求其加强管理问题研究，提高管理水平和效益，充分释放管理能量，提高办学效益、效率，不断满足日益社会化的高等教育发展需求。

2. 提高高校管理效率和效益的需要

目前，在我国高校的管理体制中，管理的科学性、民主性不够，对办学效率和效益缺乏一套科学的评价、激励、监督和约束机制，仍然习惯于计划经济条件下的思维模式，习惯以社会效益为借口掩盖投入与产出之间的矛盾和弊端，忽视资金的使用效率。在项目建设投入上，过于重视项目的审批，缺乏相应的科学、民主决策机制，轻视项目建设的过程管理和结果管理，从而在许多项目建设上造成了低效益，浪费了资源，加大了成本。这些都要求高校理顺管理体制，改革与现实状况不相适应的管理制度和办法，从而提高办学效益，更好地为社会发展提供更多的人力资源和知识支撑。

3. 高等学校发展的内在需要

中国高等教育正处在重要的转型期。这种转型既是适应国内国际经济、社会发展的需要，也是中国高等教育本身的一种创新；既是高等教育外部关系的一次调整，也是高等教育内部的一项改革。在新形势下，一些传统的体制性因素束缚了高校的深入发展，如办学体制、投融资、人事管理、分配制度、保障制度等相关问题，如何面对新的机遇与挑战，在管理办法上有所创新和突破，是所有高校都在深思和必须回答的重大问题。高校要发展，要壮大，就必须大胆突破传统的管理理念和制度，积极学习借鉴和创新性地吸收发达国家高校管理的经验和做法，要对不合时宜的管理制度进行大胆改革和创新，积极探索一些适合自身发展的新机制、新措施，不断推进学校的建设和发展。

4. 国家事业单位改革的需要

改革开放以来，特别是近几年来，国家积极推进事业单位改革，转变事业单位职能，实行事业单位机构和人事制度改革，在选人用人机制、职称评定、分配、保障等多方面进行了积极探索和实践，积累了有益的经验。在高等学校也积极推行了相关的改革和试点，形成了较好的改革氛围和条件。高校在新的形势下必须面对改革的大趋势，深入分析社会的新变化，明确高等教育职能的新内容、新任务、新要求，及时调整自己的管理制度、机制和办法，主动迎接国家事业单位大改革的挑战，共同推进社会的全面发展。

5. 落实办学自主权和实现高校内部管理科学化的客观要求

实现大学内部管理的科学化必须以扩大高校的办学自主权为前提，高校办学自主权的最终落实有赖于大学内部管理科学化的实现。高校办学自主权是指高校独立行使的自主改革和自主发展学校的权力；具体地说，就是高校可以自主地进行教育、科研、办校产和后勤服务的权力。本质上，高校办学自主权问题主要是关于大学与政府部门之间权限的张弛与分配问题。扩大高校的办学自主权就是政府对高校的放权，高校从政府的附属地位变为有独立法人地位的办学实体，对外拥有发挥与拓展教学、科研、成果转化与产业化等社会功用和效能的自主权力，对内拥有人、财、物等教育资源配置的自主权力。

管理科学化的本质是对组织所拥有的资源进行理性地配置、组织和利用，使之产生最佳效果；而一个组织所拥有资源的数量和质量决定其生产和提供产品的规模、质量，直接影响一个组织的整体实力和竞争力。高校任何一项工作的开展都离不开管理，而且在某种程度上，管理的科学化与否直接关系到工作的最后成败。在新的发展形势下，各高校要在新一轮的发展竞争中脱颖而出，占据发展的制高点或有利地势，就必须向管理中要效益，实现大学内部管理的科学化，以管理促发展。这就决定了在新的历史时期，高校办学必须主动适应新的环境，大力加强管理制度的改革和创新。当然，权力与责任是一对伴生物，权责相应原则告诉我们，当高校拥有办学自主权的同时，也就规定了其应担当的责任。换言之，若政府已经做到放权，接下来的工作就要看高校是否要这个权，以及如何用好这个权。落实办学自主权不是国家单方面的要求，不是说国家给了自主权，自主权就落实好了，它还需要高校科学、合理的使用，这也是高校必须面对并要创新的问题。

如何改变过去完全依靠国家、完全按照国家指令完成任务的被动管理模式，使之向拥有较大自主权的主动管理模式转变，是高校必须解决的重大课题。用好自主权的关键就是要理顺管理体制和机制，解放体制、机制的束缚性因素，建立一支高素质的管理队伍，发挥管理效益，从而真正落实好办学自主权、用好办学自主权，以促进高等教育的发展。假如大学的管理者无视这种权力，仍然“走老路子、用旧办法”，等待上级的行政命令和指示管理大学，自主权就会变成“无主权”，既不属于政府，也不属于大学。若此，真正的高校办学自主权怎能落实？一句话，权不放不行，但放了未必就行。高校办学自主权的真正落实有赖于大学内部管理科学化的实现。高校办学自主权和大学内部管理科学化两者中任何一方的实现都离不开另一方的实现，有机结合、同步进行是最佳的也是唯一的选择。这些都迫切要求大力及时加强对教育行政体制和高校内部管理体制科学、有效的改革和创新，既要保证政府能有效放权，又要保证高校能有效用好办学自主权，使之产生良好的管理效益和效率，从而促进高等教育事业的全面发展。

然而，办学自主权的下放和有效落实执行并不是一个简单的过程，也不是仅仅靠一纸文件就能立见成效。就我国目前的实际而言，两者的有效推进和落实既是改革的重点，也是改革的难点。基于办学自主权在高校整体管理体制中的独特作用，我们拟对制约两者有机结合的主要因素再作进一步的详细分析。

（1）历史原因。高校的办学和管理传统使我国的高等学校从来就没有像西方国家尤其是西欧国家高等学校那样，拥有所谓的“学术自由”和“大学自治”的传统。当欧洲最古老的大学之一、意大利的博洛尼亚大学的教师和学生正在享有教与学的自由时，我国正处于封建社会的宋元时期，高等教育沿用隋唐以来的科举制，完全由封建统治阶级操纵并为其服务。当“德国教育之父”洪堡的“大学自治和学术自由”精神响彻世界的时候，晚清政府的高等教育却依然奉守着科举经典。尽管在中华民国时期，蔡元培在此方面做了一些努力，但最终由于社会环境的影响而成泡影。因此，新中国成立前，我国的高等学校基本上没有自主权。新中国成立后，我国曾一度全面学习苏联模式，在高等教育方面实行中央集权领导的管理方式，高等学校基本没有自主权，高校内部的管理也是以政治性的经验决策为基础。

（2）文化因素。中国传统文化的一个主要特征就是大一统的思维方式和价值取向，反映在教育管理思想上就是大一统的管理思想。其外在表现：强调高等教育的单一功能，追求大一统的高等教育管理体制和家长式的高等教育管理模式。理论是行为的先导，在这种思想的指导下，一方面，政府自然不肯下放对高等学校管理的权限；另一方面，高等学校认为政府管理大学理所当然。因此，纵使政府已经下放了管理权力，高校的管理者也不会积极地去利用它对内部管理体制进行改革，促进管理的科学化。另外，即使在大学内部也会集中统一管理各项事务，基本以行政权力为管理的主导权力，而学术权力则表现得无足轻重。大一统的教育管理思想必然导致管理权限的集中化、管理模式的单一化、管理成就的低效化，从而最终影响高校整体办学效益的提高。与此同时，大一统必然使管理缺乏应有的活力，不可能实现管理的改革、发展和创新。那么，正确的高等教育的价值取向是什么？从现实的角度讲，应该是人的价值、社会价值、知识价值的统一，任何只强调一种或一种价值的个别组成部分而忽视其他的价值都是不利的。

（3）现实因素。这主要指两种不同的约束。第一种约束是高等学校办学资源的约束。足够的资源是高等学校发展的必备条件，从经济学原则出发，高等学校的发展必须遵循“谁投资，谁管理”的原则。过去在计划经济体制下，政府包揽了高等学校的一切费用开支，大学的管理大权由政府牢牢掌控。如今政府下放高校的管理权限，扩大高校的办学自主权，不仅是让高校获得更多自己做主的权力，还隐含了让高校去寻找其他新的投资主体的要求。事实上，恰恰是因为投资体制这项配套改革措施未能做好，从而影响了高校办学自主权的扩大和大学内部管理科学化的进程。20 世纪 80 年代后期至 90 年代，我国虽然提出了“共建、联合、合并、协作、划转”等新的办学形式，但当我们进行反思时会发现，在上述管理体制改革的 5 种类型中，所触及的只是我国高等教育体制中的局部或表面问题，在很大程度上只是转换了原来管理高等学校的政府部门，从中央政府各业务部门和行业集团转向一个新的主管部门，在办学体制上仍然没有脱离国家办学、计划统筹的模式，虽然从表面看拓展了高等学校的投资渠道，但究其实质仍是以各级政府为主导，仍然是国家化的办学运行机制。换言之，高等学校的投资主体仍是国家，政府的行政干预也就在所难免。因此，尽管通过十几年的改革，我国的高等学校已经具有了较多的自主权，但这种自主权是由政府的行政决定获得的，是有限和模糊的，通过行政的途径扩大高校的自主权难免要牵涉各方面的利益，而平衡各种利益冲突最终总会使高校的自主权受损。

第二种约束是落实高校办学自主权所需的约束。这种约束包括外部约束和内部约束两层。外部约束主要指的是政府对高等学校的必要干预。从高等学校自身发展的内在逻辑来看，大学的发展必须拥有办学自主权，以获得较大的自由发展学术空间。但高等教育发展的历史告诉我们，当高校与社会的关系日益紧密的时候，政府也必然增加对高校的干预。美国高等教育学家约翰·布鲁贝克认为，“高等教育越卷入社会的事务中就越有必要用政府的观点来看待它。就像战争的意义太重大，不能完全交给将军们决定一样，高等教育也相当重要，不能完全留给教授们决定”。的确，当高等教育的地位越来越重要的时候，政府就越来越不会“放过”高等学校。对此，英国著名的大学校长阿什比也认为，政府对大学的干预是必不可免的。他还认为，政府把大学当作高等教育系统的组成部分，即各大学都应把自主权从属于高等教育系统之下。

内部约束主要指的是高校内部对办学自主权的自我约束机制。因为自主与自律向来是一对孪生兄弟，实践证明，没有约束的权力容易走向腐败。正如有学者指出的那样：“自主与自律是矛盾的统一体，相克却又相互依存，没有自主权的办学是一种无活力的办学，而在没有自律只有自主条件下的办学则是一种无序混乱的办学。”就我国目前的状况，第一种约束是一个老大难的问题，第二种约束的机制尚未完善，这两种不同的约束也是我国扩大高校办学自主权和实现大学内部管理科学化的影响因素之一。

6. 稳定教师队伍、提高教师素质，以及为高校培养、储备高素质教育人才的需要

在北京大学的人事改革方案中，争议最大的就是为什么改革的第一刀是砍向教师，而不是针对行政管理系统。校方的理由很简单：用阻力最小、最可操作的方式推进改革，“改革没有最优，只有次优”，学校要建成世界一流大学，必须要有一流的师资队伍。基于这样一种逻辑，学校当然要首先建设师资队伍，这也是当前许多高校进行校内管理制度改革的基本逻辑起点。但是，许多时候我们忽视了一些基本的事实，即高校行政化、官僚化之普遍，评价机制之扭曲。但为什么许多高校又在此问题上无动于衷，甚至回避呢？原因在于政策的制定者和执行者离这些问题太近，大有“不识庐山真面目，只缘身在此山中”的意味。当然，这种“不识”是真的“不识”，抑或假的“不识”，只有这些政策制定者自己最清楚。北京大学给出的解释很好地说明了其中的原委。我们认为，建设一流的大学，不仅需要有一流的师资队伍，更要有一流的管理。如果仅仅有一流的师资而管理落后，必然产生管理的低效能，直接影响并限制教师才能的发挥，最终也

难以建设一流的师资队伍。当前，一些高校的教训就深刻说明了这一点，这也是一些人在一个单位体现不了人才的价值而到了另一个单位成为座上宾，一些人才在国内显现不了才能而到了国外才能便得到充分发挥的原因所在。因此，从某种意义上讲，管理的重要性显得尤为突出。基于此，建设一流的大学、一流的师资，必须建设一流的管理体制，使管理真正为教学、科研服务，为教学、科研保驾护航，使教学、科研人员真正对学校产生归属感，安心教学、科研，从而为学校的发展奠定最基本也是最重要的基础。

7. 遵循教育规律、还权学术的需要

高校是一种社会机构，任何机构的运行都需要一定的权力资源作为支撑，并且要按照一定的规则加强管理和运用。高校与一般社会机构的不同之处在于，它是学术性组织，教学、科研工作是其中心工作，其管理也必须按照学术性组织的特点和规律来运作。具体来说，高校必须按照教育规律来培养人才，按照科研规律来开展科研工作，在社会服务方面也必须遵循教育和知识的价值规律。这就要求从事学术的人必须具有相应的学术权利，在相应的决策活动中具有相应的决策权，管理是为其服务的。改革开放以来，学术权利开始受到关注，一些学校先后组建了学术委员会等机构。但是，学术权利仍然非常有限，是在行政权力之下执行有限的学术权利。比如，大学教师的职称评审工作，评审条例和评审权力都由行政部门确定，评审委员会也是由行政管理部门决定组成，评审委员会上面还有由学校党委书记、校长、人事处长等组成的评审领导小组。学术委员会通过的事情，行政部门不一定批准；学术委员会通不过的，可以通过行政审批。评审机构通过向各评审单位下指标、定标准，严格控制评审活动的开展，导致评审工作就是不断地填表和发表文章，以致有人戏称“填表教授”“填表专家”。此外，由于这样的制度安排直接决定一个人的命运，使我国许多高校的学术评价机制严重扭曲，学术行政化，学术评价让位于关系，一些教师为了评审，花费大量的精力进行毫无意义的垃圾论文的发表和人际关系的建立，直接影响了许多有水平的教师的工作积极性和有价值的学术成果的产生。因此，在当前形势下，必须改革以前不合理的行政权力和学术权力配置模式，还权于学术，给予学术相对独立的发展空间，促进教师教学、科研的积极性和创造性，使他们将自己的主要精力和黄金时间用在教学、科研上，产生更多的教学、科研成果，从而服务于社会。

四、我国高校行政改革的主要思路、对策和建议

加速推进和全面深化我国现行的高校管理体制改革，既是当前我们所面临的一件十分重要和紧迫的任务，又是一项异常复杂和艰巨的系统工程。我国现行的高校管理体制与所设计和选择的改革目标模式之间还存在着相当大的距离，深化我国高校管理体制改革的目的在于更好地适应不断变革中的社会经济环境，同时也只有不断地改善各种相关的社会经济条件和环境，才能进一步深化高校管理体制改革。就当前我国各项改革的实际进程和状况来看，在实现新旧体制转轨、转型的过程中，我们依然面临着一系列的改革难题和障碍，只有排除这些改革障碍、解决这些难题，才能实现既定的改革目标。

（一）教育行政管理改革

1. 进一步解放思想，转变观念，这是继续推进和深化我国高校管理体制改革的先决条件

在计划经济体制条件下，人们已经形成了一整套与传统事业单位管理体制相适应的传统事业观念。例如，长期以来，科学、教育、文化、卫生、体育等社会活动被视为“事业”，凡是事业就应由国家包办，凡是事业人员均为国家干部；事业属于上层建筑领域，属于非生产性活动，不创造价值；事业单位提供的各种产品和服务均属社会公益性和福利性的公共产品，不能实现产业化和市场化；如此等等。这些观念既是形成传统事业单位管理体制的理论基础，又是其现实反映。改革开放以来，人们的传统思想逐步得到一定程度的解放，传统观念有所转变，但从深层次来看，在我国现行

的事业领域里依然存在着许多改革的禁区或误区，其根源就在于人们思想认识上依然存在许多禁区或误区，不改变这些落后的观念，改革就会寸步难行。为了推动思想解放，促进观念转变，统一思想认识，明确改革目标，尽量减少改革阻力和改革成本，我们必须大力加强高校管理体制改革方面的理论研究，认真总结前期改革的经验，积极开展学术交流和理论宣传，创造良好的改革环境和条件。与此同时，我们还要转变旧观念，树立高等教育管理社会化思想。长期以来，有关部门一直坚持高等教育管理就是行政管理，高等教育管理体制就是行政体制或属于行政体制的观点，迄今为止的教育管理体制改革并没能解决影响我国教育发展的深层次问题。因此，在教育管理体制改革的过程中，必须从理论上打破传统观念，树立高等教育管理社会化思想，推进管理主体社会化，实现管理效能社会化，从而促进我国高等教育与社会政治、经济的改革发展相适应，以实现高等教育管理体制改革的最终目标。

2. 建立政府宏观管理、学校面向社会依法自主办学的管理体制

随着政治和科技体制的发展变化，针对高等教育事业发展的实际需求，彻底理顺政府与高等学校、中央与地方、中央教育主管部门与中央其他业务主管部门之间的关系，逐步建立举办者、管理者和办学者职责分明，中央与省级政府分级管理、分工负责且以地方为主，条块关系有机结合，学校面向社会依法自主办学的高等教育管理新体制。

转变政府职能和放权是我国教育管理体制改革的一条主线。长期以来，由于高校绝大多数为国家主办，因而形成了“既然是国家掏钱办校，政府就要直接管理，如果不管，就是没有尽到责任”这种观念，政府很难从事务性管理中退出来，高校也就谈不上自主办学。政府对高等学校的管理是高等学校发展的根本保证。这里不是对高等学校管不管的问题，而是如何管、管到什么程度的问题。社会越进步，高等学校越发展，政府对高等学校的法令法规也就越多，这是一对矛盾。要解决这一矛盾，政府就要对高等教育进行必要的、适当的和合理的管理，具体来讲就是由直接管理转为

间接管理，由硬性管理转为软性管理，这样才能使高校办学自主权得到真正实现。在对高等学校的宏观管理中，政府应代表最广大人民群众的根本利益，根据社会发展趋势对高校提出教育要求，但不直接管理和控制高校内部的运行环节和过程，不干预高校内部的日常事务，不在学术领域里使用行政命令。政府职能主要体现在对高等学校系统的宏观管理上，体现在把握高等教育事业的方向和质量标准等方面，概括而言，政府对高校的管理应主要体现在对教育的规划和立法、教育经费的管理与控制、教育的评估与监督这三个方面。我国在高校办学自主权和大学内部管理科学化方面仍存在许多问题，如权力下放得不够、不彻底，下放权力的转移，自主权的约束等问题，直接影响了学校管理的科学化。综合来看，最大的问题就是两者未能很好地协调与配合，未能做到交相辉映、相得益彰。针对这些问题，我们认为处理好高校办学自主权与大学内部管理科学化的关系，实现两者的同步完成，应从以下几个方面着手：

（1）在观念上，高等学校不但要“扩权”，而且要“用权”，两者必须统一。首先，作为政府主管部门，要确实改变大一统的管理观念，适应时代变化对大学提出新的要求，真正下放权力，使高校拥有真正的办学自主权，变过去的具体管理为必要的宏观管理。值得注意的是，在权力下放过程中，不仅要讲究力度，还要讲究速度。实际情况是由于政府不愿放权或有害怕一放就乱的疑虑，因而行动迟缓，影响了高校的发展。此外，比较特殊的是，对于划转、共建共管和权力下放到省级主管的高校，要切实下放，防止权力被转移。对于滥用自主权和权力一放就乱的高校，可以通过评估等监控机制，及时采取措施，予以纠正。其次，作为高等学校，必须改变过去那种坐等上级指示和命令的无所作为的管理观念，要意识到办学自主权不仅是大学应有的权力，还是大学健康发展的原动力。对于政府下放的自主权，高校应主动迎接，并且根据学校自身的特色运用到高校管理中，从而推进管理的科学化进程，让自主权适得其所，发挥最大功效。按照新的管理体制，高等学校应该是独立办学的法人实体，拥有依法充分行使自主办学的权力。具体来说，高校可以根据国家颁发的有关法律、法规，依据国家确定的专业目录制订招生计划和基本的录取标准、培养规格和基本学制、学位和职称颁发评定标准，高等学校在专业设置、招生、指导毕业生就业、组织教育教学活动、开展科学研究与技术开发、筹措和配置及使用经费、机构设置与人事安排、职称评定与工资分配、对外交流等方面拥有充分的自主权。学校要努力形成主动适应国家经济建设和社会发展所需的自我激励、自我发展、自我约束的运行机制。

（2）政府应转换高等教育的管理职能，理顺条块关系。在新的体制下，政府既要向学校下放高等教育管理的很多权限，其管理职能也发生了根本性转换，即从过去主要的直接行政管理转变为更加重视运用规划、法律、经济、评估、信息服务等途径实现宏观管理；从过去具体的办学过程与日常事务管理转向宏观的办学目标与发展方向管理；从过去单一依靠政府行政职能部门管理转换到日益重视发挥社会学术组织、研究机构和民间团体等中介组织的管理作用。新体制的基本框架是中央与省级政府两级管理、分工负责，并且根据区域经济迅猛发展的实际，进一步扩大或强化省级政府管理、发展高等教育的职责与权限。中央政府的职责主要是制定国民高等教育事业的宏观规划、基本政策和质量标准，组织高等教育办学方向和质量效益的检查评估，为高等教育的改革发展提供综合的信息服务，直接管理一部分关系国家经济建设和社会发展全局或地方政府不便管理的重点大学。在中央宏观指导下，省级政府对所属区域的高等教育在制订发展规划、开发配置资源、组织检查评估，以及新设专科及高等职业学校的审批等方面拥有管理决策权。

3. 完善高等教育法制，为高校自主权的扩大和大学内部管理科学化提供保障

实现高校办学自主权的扩大和内部管理科学化，必须有强有力的法律法规作为保障。现行的《教育法》《高等教育法》及其他相关的法规法令虽然对高校的办学自主权和学校的管理作出了一些规定，但还不够完善，对

于规范政府、高校、社会的职责、权利、义务和行为等具体方面有待于现行法律的进一步完善及其他相关法律的出台。经过多年的改革，我国高等教育中央与地方政府的分级管理及条块结合体制已经初步建立，面对新的形势，政府如何加强宏观管理，涉及政府职能和管理方式的转变，这是教育体制创新的关键，有待于继续探索和创新。归结起来，调整政府与高校的关系必须解决好三个问题：如何面向市场？如何依法办学？如何民主管理？加强教育法治建设、依法治教既是中国教育现代化的历史选择，也是“入世”对中国教育的必然要求。但是，我国的教育立法工作还处在架构体系、完善法规的阶段。第三次全国教育工作会议特别强调，要按照《高等教育法》的规定落实和扩大高校办学自主权，增强学校适应当地经济和社会发展的活力。“高等教育办学自主权”这个中国高校改革和发展的关键问题，不仅要有较为明确的法规、条例支持的宏观外部条件，还要有高校内部改革、自我约束的微观内在机制；否则，“高等教育办学自主权”问题又会回到传统计划经济体制下“一放就乱，一收就死”的局面。因此，我们必须将整个教育系统建立在法制基础上，用法律维护各管理主体的社会地位，划分各自的权限，明确各自的义务和责任，真正做到“有法必依、执法必严”，这样才能保证高等教育高效有序地运行。

（1）政府管理的权力与责任、政府与高校的关系，只有建立在法律的基础上，依法行政，依法办学，教育体制的改革与创新才能走上法治化轨道。政府从直接的行政管理向间接的宏观管理转变，涉及责、权、利关系的调整，将引起政府管理手段和方式的革新。由于长期受计划经济体制的影响，政府教育行政管理部门习惯用计划手段和行政审批方式直接管理教育事业，很难用法律的、经济的、政策的、信息的方式实行宏观调控，这里既有思想观念和行为习惯的原因，也有利益分配的因素，涉及市场经济条件下政府职能和政府行为的法律规范问题。法律既保证政府有力地行使其职能，又制约政府的行为，有利于政府职能的明确界定。其基本原则：凡属市场调节的领域，政府主要是规范市场运作，发挥市场的调节作用；

凡属市场不起作用的领域，则政府施加行政干预。教育的不同部分也要区分其提供的是公共产品、准公共产品、私人产品等不同性质进行分类管理和分类指导，调整和革新管理手段和方式，尽量减少行政审批手段，把精力更多地放到战略规划、依法行政、政策指导、信息服务及各种间接调控的手段上。政府是行政机构，高等学校是教学和学术机构，两者的活动内容与方式不同，所以政府管理高校应遵循教育规律和学术规律，进行宏观、间接管理。

（2）加强政府的宏观管理，表现在政府与学校的关系上，是使政府从直接的行政管理转向依法进行宏观管理，保证学校的办学自主权；表现在政府与市场的关系上，是由政府制定和执行市场准入与市场运行准则，规范市场运作，发挥市场对教育的适度调节作用。政府适当应用市场机制进行宏观管理，必须坚持公平与效率的原则，优胜劣汰，效率优先，追求利益的最大化。对弱势群体造成的教育机会的不均等和不公平，要求政府在应用市场机制进行宏观管理的过程中，一方面要明确公共教育资源主要是政府教育经费的分配，应当坚持公平优先、兼顾效率的原则，即在平等地保证基本需求的前提下，向效率高的优质教育部分重点倾斜，并且创造一个公平竞争的环境和机制；另一方面应运用经济杠杆调节教育供求关系，建立和完善政府与社会的资助制度，通过奖学金、助学金、贷学金等形式，帮助家境贫寒的学生获得平等的受教育机会。我国城乡之间、地区之间教育水平、教育条件和教育机会的差距较大，大力加强农村教育，提高教育水准，让农民子弟有更多的机会进入高等学校，是我国政府教育宏观管理中的一项重要任务和重大课题。

（3）建立与社会主义市场经济相适应的高等教育运行机制。在市场经济环境中，必须调整旧的高等教育运行机制。培养高级专门人才，创造新科技知识的高等学校，在市场经济条件下必然会或多或少地与劳动力市场、知识市场建立关系，并且受到市场活动的直接调节。为此，高等学校要成为一个相对独立的实体，拥有自我支配、自我约束和自我发展的权利。当然，在社会主义市场经济中，高等学校与市场活动的关系不是自发的、盲目的，而是要处在国家政府的有力导向、干预和调控之下，是国家宏观调控下的市场调节活动。例如，对于提供“准公共产品”的高等院校，政府应该实行宏观调节。笔者认为，在社会主义市场经济环境中，在高等教育运行过程中，政府、高等学校和社会市场的关系应该是“政府宏观调控，学校自主办学，市场积极引导”的模式。政府的宏观调控主要是运用计划、行政、法律、经济等手段，对高等教育的办学方向、发展进程、教学活动及教学结果等进行调控。高等学校自主办学，一方面要接受政府的宏观调控，另一方面要在参与市场活动中得到强化。价值规律、等价交换原则和市场作用机制使高等学校在办学活动中引进市场机制，适应社会供需变化，不断形成自身特色；同时，在外部竞争压力和内在利益的驱使下，逐步形成自我积累、自我发展、自我约束、自我完善的能力；在自主办学、保持自身特色的前提下，积极建立横向联系、联合协作的办学模式。对高等学校而言，市场概念包括两大部分：一是高等学校外部市场（社会市场），包括劳动力市场、科技知识市场和资金市场等；二是高等学校内部市场（院校市场），主要指高等学校内部活动中的一些市场现象、市场要素和市场关系。

（4）建立以政府办学为主，社会各界共同参与的办学体制。办学体制涉及有效开发高等教育资源和充分激发高等教育发展活力的问题，并且与高等教育管理体制相互影响，这也是这些年来我国高等教育体制改革的重要内容。高等教育办学体制改革的基本方向就是要打破政府包办的局面，逐步形成以政府办学为主体，社会各界共同参与的办学新体制。关于这一办学体制，在理论认识和实践探索中要坚持的原则：①必须坚持以政府办学为主体。在现代社会，高等教育既是对经济建设和社会发展起基础、全局和先导作用的知识产业，也是一项崇高的社会公益事业，它具有经济、政治、文化的广泛社会功能，涉及对青年一代的培养和国民整体素质的全面提高，是国家综合实力的重要组成部分。因此，在我国现有的社会主义经济、政治制度条件下，从提高综合国力和坚持正确的发展方向着眼，高等教育必须坚持以政府办学为主体，也就是在高等教育事业中保证公办学校的主体地位。②必须鼓励和支持民办高等教育的发展。支持社会各界投资兴办高等教育，鼓励民办高等教育的发展，这可以更广泛、更有效地开发和利用各种社会资源以弥补政府财政投入的不足，同时还有利于探索高等教育多样化的发展管理模式，从而更快地发展高等教育事业。鼓励和支持民办，这符合高等教育发展的内在需求，也是国内外发展高等教育的共同经验。另外，我国社会主义市场经济体制的建立与不断完善，国民经济的快速发展和经济成分的不断多样化，也必然要求高等教育办学主体多元化，同时也为这种多元化提供了必要的经济基础和多方面的有利条件。③必须抓紧研究和妥善处理中外合作办学的规范管理问题。中外合作办学，国外资本与教育机构进入我国高等教育市场或我国高等教育进入国外教育市场，这是我国高等教育办学体制改革发展中的一项新举措。世界贸易组织的有关协定视教育为服务性贸易，要求各成员国对外大范围地开放高等教育。我们要抓住这一时机，深入开展相关研究，并且在高等教育办学体制中予以明确定位，制定相应的基本政策和管理办法，既要进一步扩大开放，允许外国教育机构和资本进入我国高等教育市场，又要注意维护国家教育主权，同时鼓励我国的高等教育机构看准时机，大胆地向国外教育市场发展。2003 年 9 月 1 日，我国开始实施《中华人民共和国中外合作办学条例》，为相关工作提供了明确的法规依据。

（5）在实现政事职责分开、机构分开、人员编制分开的基础上，更重要的是实现政事管理体制分开。具体来说，事业单位在机构名称、机构等级、劳动人事制度、工资福利制度、目标考核制度、组织领导制度、财务管理制度、组织运行与管理方式等方面，均应与行政机关脱钩，严格实行政事运行机制与管理方式分开。高校应取消行政级别，并且采取简政放权等多种过渡性措施，逐步淡化并最终完全剥离事业单位与其主管行政部门的隶属关系。在此基础上，按照建立现代事业制度的设计构想进行事业法人登记，使其成为依法面向社会、自主开展事业经营的独立法人，完全实现政事分开的改革目标。

（6）对扩招带来的困难和问题，政府和高校应当共同努力解决。首先，在宏观层面上，政府要发挥服务和监督控制职能。政府要充分做好高校扩招的论证工作，制定参与扩招高校的评估体系标准，对要求扩招的高校进行严格审批，并且根据高等教育的发展规律，重新调整扩招的人数、时间，从而在制度上制止各高校的盲目扩招行为。其次，在微观层面上，高等学校必须对自己的学校教学、生活场地及设施、设备和师资队伍进行定位，量力而行，不要追求短期效应，要制订学校短期的发展计划和长期的发展规划，使学校沿着持续、稳定、健康的轨道发展。

（7）对合并中出现的磨合、人事调整等靠高校自身力量难以解决的问题，从政府角度要充分发挥好宏观调控管理职能，协调好各个方面的关系，进行有效的行政干预和指导。对于高校合并工作，不能搞一窝蜂，应该根据具体情况进行科学、合理的论证，不能搞政策诱导，少一些行政化色彩，走科学评估之路。从学校角度来说，首先，充分认识合并的难度，并且引导教职员工主动参与，积极配合。其次，完成对学校办学思想的重新塑造。采取兼收并蓄的策略，既要保留客体大学原有的优势，又要逐步将主体大学的先进思想融合进去，实现学校办学战略与办学目标的完全一致。再次，在学校管理上实行集中下的适度分权。在实现统一领导的基础上，实行校、院（系）两级管理模式。其中，校级领导处于管理的中心位置，主要抓宏观工作，如学校的发展规划、校内各种关系的协调等；院（系）一级则侧重于微观方面的具体工作，如教学管理和科研工作。最后，促进学科的深度融合。应根据新学校的发展规划，按照“厚基础、宽专业、多方向”的原则进行学科专业、课程的调整与建设，实现学科渗透、优势互补、资源共享，从而使学科发展形成良性循环。综上所述，面对我国高等教育体制改革中出现的这些难点问题，政府要注意发挥好宏观调控职能，加强引导，大胆探索改革的新模式，而各高校也要在实践中不断挖掘自身的潜力，努力提高学校的教育质量和科研水平。

（8）建立科学、合理、公正的评估体系。建立科学、合理、公正的评估体系对高校的良性发展具有重要作用和积极意义。只有在这样的评估体系下，高校对其教学、科研、学术等工作的质与量才能给予准确评价；在准确评价的基础上，才能使学校的分配制度具有合理的依据，才能调动教师对工作的积极性，最终保证高校的教学、科研质量。在建立这些体系的过程中，不仅要充分考虑我国的特点，还要吸收借鉴西方发达国家的经验，引入社会化的测评机构、测评制度等，如建立教育行业协会、教育评估所、资产评估所等中介组织，从而真正建立具有中国特色的科学、公正的评估体系。

（9）关于教育产业化问题。关于教育产业化问题，一直存在很多争论，坚持者和反对者各执己见，没有形成统一的认识。教育产业化其实是一柄双刃剑，是否采用，有利也有弊。笔者认为，作为世界上许多国家都在采用和借鉴的一种模式，我们要审慎对待，特别是在我国教育基础较为薄弱、政府无力全部承担高校发展所需巨额资金的情况下，适当实行教育产业化，对我国高等教育发展是必需的，也是切实可行的。但是，必须明确实行产业化是一种有限的产业化，即在一些领域实行产业化模式、机制，以及这些模式、机制在这些领域所起的作用是一定程度的，如高校的投融资、招生就业、后勤管理、专业设置等，由于与市场联系较为紧密，可以相对实行一定程度的产业化改革；对于一些二级学院的设立，究竟哪些学校可以设立、哪些学校不能设立，以及设立的二级学院的权限和办学模式，国家要根据各个高校的不同情况予以相应的规范，确保高校整体的健康发展。

（二）高校内部的管理体制改革

高等学校内部的管理体制改革是一个相当复杂的问题。目前，我国高等学校在这方面还存在一些问题，不仅与我国社会发展的需要不相适应，还制约着高等学校自身的有效运行，妨碍着高校职能的充分发挥。改革高校内部的行政管理体制需要首先从政府管理的模式中走出来，按照教育规律管理学校，在教育教学观念改革已经取得重大进展的背景下，为教学、科研、服务工作创造良好的运行机制和外部环境。这既是实施科教兴国战略和发展社会主义市场经济的需要，也是高等教育改革和发展的需要。基于上述种种原因，笔者认为今后的高校管理体制改革的重点应在以下几个方面进行创新和突破：

1. 切实实行党政分开，明确各自职责，加强学校领导干部的任命机制改革

改革高校领导单一的委任制，全面实行聘任制和任期制。改革是基于这样一个事实，即学校不是一级政府，学校领导不是官，学校的运作必须遵循教育教学规律，不同于政府的运作逻辑和运作轨迹，如果把行政委任制照搬到学校，走行政逻辑之路，很容易冲击学校正常的教育教学规律，挫伤教职员工的积极性。从某种意义上讲，一个校长就是一所学校的代表，一所好的学校必须要有好的校长。在实行聘任制的过程中，建立相应的约束机制，选拔过程要公开，由教师代表大会、工会代表大会、教授委员会等组成考察委员会，负责选拔与监督，并且举行一定范围的公开答辩，接受教职员工的质询。

2. 理顺学校内部学术权力与行政权力的关系

淡化行政级别观念，重视学术权力，建立教授委员会等组织，广泛吸收学术人士参与决策和管理，充分发挥高等学校的学术权力在决策管理中的作用。学术权力和行政权力在高校中都有存在的必要性和局限性，两种权力不能互相替代或以一种权力掩盖另一种权力。从我国高校的现状来看，学术权力应处于主导地位，然而在现行的高校结构中，行政权力居于主导地位，甚至有掩盖学术权力的趋向，而高校的教学、科研和社会服务都是具有独立性和创造性的知识活动，并且基本上是以学科为基地展开的，只有从事这些活动的专家对于这些事物才具有最权威的发言权。当然，提倡以学术权力为主导并不是抹杀行政权力的作用，两者的有效整合是处理权力结构问题的关键。

3. 转变管理理念，树立经营学校的观念

一切改革必须观念先行，没有观念的转变，不可能有行动的解放。在社会大转型和大变革的时代，高校必须及时调整自己的办学理念和管理理念，积极吸收借鉴先进经验，创新自己的管理思想。高校不再是封闭的象牙塔，日渐与社会紧密联系，使高校社会化进程加快。高校投融资体制的转变、社会化办学的冲击、高等教育产业的日渐深入发展，都迫切需要高校遵循教育发展规律和市场发展规律，以经营学校的观念指导学校的管理工作，不断壮大自己的办学实力，从而更好地为教学、科研服务。

4. 加强调整高校管理职能，促进机构改革进程

高校以前的管理主要是一种行政管理，是一种大管理和单一管理，管高校所有师生员工的吃喝拉撒睡，事无巨细。在知识经济时代，知识已经不再是间接地影响经济，而是直接参与经济活动，已经成为经济生活的一部分。知识的作用不仅通过掌握知识的劳动者来体现，而且可以直接变成财富，即实现知识的物化。一些国家机关、企业团体等在高校建立研究中心，不少高校也相继创立和发展了科技园及一批高科技企业或企业集团，从而使高校的管理对象复杂化、管理内容多样化、管理需求多元化。在这样的新情况面前，高校要及时调整自己的管理职能，明确哪些是自己必须管的、哪些是不必管的、哪些是可以委托管理的，从而把管理学校的主要精力用在学校的发展大局上，并且根据自己职能的变化，适时进行相应的管理机构改革，从而提高管理效益和效率。

5. 加强高校人事分配制度改革

厦门大学高等教育科学研究所名誉所长潘懋元认为，之所以新一轮高校管理体制改革的内容都与人事制度有关，是因为人事制度改革是一切行政制度改革的核心，高校改革当然也要抓住这个核心问题。现在都讲核心竞争力，核心竞争力这个概念来自最新的企业管理理念，企业的竞争不仅是产品的竞争，更表现为企业内部群体创新能力的竞争，是人才的竞争。笔者认为，大学的核心竞争力在于师资，而管理则可以充分释放师资的潜

能。传统的人事分配制度平均主义严重，大锅饭倾向突出，不利于人才能力的发挥。要通过人事分配制度改革引进竞争机制，实现人才的合理分流和利益的合理分配，从而提高教职员工的待遇，充分调动广大教职员工的积极性，发挥他们的聪明才智，以形成强大的学校竞争力。在改革中，要改变以前认为的人事制度改革就是让员工下岗、分流的简单做法，结合中国的实际和中国高校的特殊情况和特殊地位实行科学、合理的改革办法，如实行减员增效或增员增效，不能把一切负担都推向社会。总之，人事分配制度是推进我国高校管理体制改革所面临的又一个重大难题，它必然会遇到较大的改革阻力，需要我们在制定政策的过程中走科学化、民主化、理论联系实际之路，积极、稳妥、有序地推进改革。

6. 建立和完善社会保障制度

根据中国管理体制改革目标模式，我国必然要实行机构的大调整、大转向和大裁员，除了极少数机构和人员应还政于政之外，其他大量的人员应予以分流，在实现政校分开、校企分开之后，将事业单位的人员分流到企业，这也就意味着个人身份的转变及相应待遇的改变。显然，传统观念和既得利益等因素无疑将成为实现机构调整和人员分流的一大障碍。因此，必须加速我国现行的干部人事制度、住宅制度、户籍管理制度及其他相关配套制度的改革，尤其是要加速建立和完善新的社会保障制度，这是实现高校人员分流的基本保证。我国现行的社会保障制度是适应计划经济体制要求建立的，带有供给制色彩，覆盖面窄，社会化程度低，保障功能差，管理体制混乱。就高校来说，基本上完全与行政单位一样，由人事部门履行养老保险职能，由卫生部门履行医疗保险职能，所有这些保险制度实际上是通过有关人员所在的单位来实现的，从而造成了事实上的单位保险制。在这种传统的社会保障制度下，一个人一旦离开了所在的“单位”，就会失去相应的社会保险待遇，这无疑是实现高校人员分流的一大障碍。我们认为在进一步深化事业单位体制改革的过程中，国家可以采取一种新的改革思路，即根据干部人事制度的实际情况，在承认和保留现有事业单位人员身份及相应待遇的基础上，先将用于社会保险的经费单列出来，再设立相应的社会保障机构负责集中管理，将其与原来事业单位的其他经费脱钩，逐步剥离事业单位的社会保障功能，实现社会保障的社会化。这样既可以有效地减轻事业单位的负担，又可以改变社会保障单位化、部门化的弊端。从长远来看，分离公共事业经费预算和社会保障经费预算，建立现代化和多元化的社会保障体系，也是建立社会主义市场经济体制的一项基本内容。

7. 建立和完善高校内部的评价体系和考核制度

目前，高校内部的管理评价考核体系（包括干部评价体系、员工评价体系、学术评价体系等）还比较僵化和落后，不利于人才的成长和发展。中国科学院正在试行职称评定改革，在社会上引起了很大反响，政府机关也在试行一些新的考核制度和办法，如问责制的建立和落实。高校要在这样一种大背景下，积极思索和创新自己的评价考核体系，主动迎接已经到来和即将到来的挑战，大力改革高等学校的教师评定考核与奖惩制度，使之能有效地调动教职员工的工作积极性，在高校形成一种良性的运行规律，从而有利于高校的整体发展。

8. 加强高校管理方式和管理手段的转变

在高校管理对象复杂化、管理内容多样化、管理需求多元化的今天，积极创新传统管理模式，引入市场管理理念和手段，加强高等学校与社会的联系，尽快建立和完善高等学校与社会相互合作的有效机制。与此同时，还应完善中介组织，发挥中介组织的作用。在当今社会，必须依靠中介组织的各种功能，如桥梁作用、缓冲作用、服务作用、监督作用、资源配置作用，以达到降低交易成本的目的。

9. 建立健全高等学校内部的各项规章制度和加强组织建设

制定完善的大学章程，组建教代会、工代会、教授委员会等职工权益组织和学术组织，切实赋予其相应的职权，充分发挥其作用，在重大问题决策上使其能够发挥决定性作用。加强对各系统及各组织行为的有效规范，特别是在自主权不断扩大的过程中，需要尽快建立完善的自我约束机制。

在政府的宏观管理下，高校自身能够实现有效的管理和运行，保证充分协调地发挥各项职能。在建立相应的约束机制后，在规范比较健全的情况下，高校的一些管理领域可逐步向管理工作专业化、职业化方向发展，如后勤服务工作、学生管理工作、科技服务工作等。

第二节　高校教育教学质量管理

在经济全球化趋势和现代科学技术迅速发展的大背景下，近年来，高校扩招使我国进入了高等教育大众化阶段，避免高等教育因数量扩张而导致质量下降已是当前各高等学校重点解决的问题。教育部《普通高等学校本科教学工作水平评估方案（试行）》也将“质量控制”作为一项重要的评估指标。该指标把是否建立科学、完善的教学质量监控体系且运行有效作为重要考核内容。随着高校教学工作水平评估工作的全面展开和制度化，提高教育教学质量是当前高等教育发展的中心任务，建立和完善教学质量管理体系已经受到众多学校的高度重视，并且已做了不少有效的研究和探索。

一、当代高校教育教学质量管理体系的构建

教学质量是教学过程满足学生及其家长、教师及学校和用人单位及社会要求的程度的评价。我国高校规模扩大，为了满足各项需求，高校立足教学质量管理基本特征，引进全面质量管理思想和ISO9000，遵循“转变质量观念—确立质量标准—构建质量管理体系”的基本思路，在高等教育大众化前提下，坚持统一和多样、稳定和发展相结合的教学质量观；坚持以师生为本，教学、管理、育人三位一体的教育思想，在系统性、科学性、整体性原则的指导下构建教学质量管理体系，为提高人才培养质量发挥积极作用。

（一）高校教学质量管理体系构建的基本理念

1. 坚持以人为本，全面关注学生、教师和管理者

高校教育教学工作的出发点和归宿是为社会培养合格的专门人才。因此，教学质量管理必须高度关注学生成才的需求，以学生的认知水平和智能潜质为参考，设计人才培养目标，培养主动适应的专门人才；改革人才培养模式，变单一型为多样化；保证教学质量，优化课程体系，整合教学内容，合理科学地安排教育教学活动，用现代人才的标准——知识、能力、素质协调发展的要求设计教学环节和配置教育资源；关注学生的学习兴趣、认知水平、接受程度，调整、改进教育教学工作，既严格要求，又关心爱护，将学生的成长成才作为教育教学工作的基本宗旨。

高度关注教师和管理人员，关注他们的生活需求和工作条件，更要关注教师和管理人员自身发展的内在需求，关注其对教学和管理工作的意见和建议，正确评价他们的工作质量和工作业绩，在教学管理中，充分发挥他们的主观能动性，从根本上做到对教师和管理人员的人性化关怀，让其更好地参与学校的教学管理工作。

2. 体现“教学、管理、育人”三位一体的思想

高校肩负着培养为社会进步和国家经济建设服务的合格人才的历史使命，不仅培养学生为国家繁荣富强工作的能力，更要培养为此奉献的精神。因此，高校人才培养既要传授科学文化知识，增强学生的知识能力，又要使学生学会做人，成为对社会有所作为、品格高尚的人，这是教育的基本职责。学校管理部门作为教育教学的服务者，有着通过管理督促教育教学活动沿着造就德才兼备合格人才轨道运行的义务。高校管理的具体内容是对人才在德、智、体、美、劳等方面提出具体的目标和要求，制定教师教学质量和学生学习质量考核体系。学校卓越的管理活动对教师和学生的教育教学活动会产生重大而良好的影响，即要求管理、后勤部门及其工作人员做到管理育人、服务育人。教学、管理、育人三者密切相连，教学是基础，管理是中介，育人是目的，教学、管理都是实现育人目标的途径，是

为育人服务的，两者同向作用于育人。

（二）高校教学质量管理体系构建的基本原则

1. 全员性原则

高校教育教学活动的主体是学生、教师和管理者。因此，高校教学质量目标必须通过三者形成合力，共同作用，才能得以实现。这是因为教学活动具有双边性、互动性和共生性特点，只有教师的传授，没有学生的积极回应，即使有一流讲课、一流辅导和一流的关心爱护，也是不能实现教学目标的；反之，只有学生求知的积极性，缺少教师教学、教学管理的优质服务，以及相应的设施配备和教学资源，结果也一样。事实上，教育教学活动达到标准与否，还必须通过教学管理予以指导、判断并不断加以纠正和提高。由此可见，高校教育教学质量的提高需要学生、教师和管理人员的全员性参与和共同努力才能实现。

2. 坚持行政管理与学术管理相结合的原则

高校教育教学活动的开展，除了上述全员参与外，还涉及教学内容、管理内容和管理机制。就教育活动的内容而言，具有一定的规定性、规范性、秩序性，体现了行政特性，因此需要用行政的手段、理论和方法进行管理。而具体的教学要求、质量标准、考核质量的方法和手段则更多地反映了学术特征，需要用学术管理的思想、理论和方法进行管理。例如，建立质量监管机构，制定质量监管制度，从而进行教学调度、课程考试组织、学籍处理等，按照程序规范化、制度化地执行，这就是行政管理。而科学、合理、客观的教育质量标准及各个教学环节、每项教学工作内容的制定，必须召开多种形式、各方面人员参加的会议加以研究讨论，充分发挥专家的作用，听取各方面的意见，采纳吸收合理意见，使之符合教育教学规律，符合客观实际。这就是学术性问题，需要用学术管理的思想、理论和方法来解决。

（三）基于 ISO9000 理念的高校教学质量管理体系的构建

高校教学质量是在教学活动的动态过程中形成的，并且贯穿教学活动的整个过程。因此，高校教学质量具有动态发展性和全程性，从而决定了教育质量管理活动也贯穿教学活动的全过程，体现了适时性。ISO9000 强调系统性，强调全面质量管理，强调全程质量控制理念，符合动态管理和全程管理的特性。因此，高等学校教学质量管理与企业采用 ISO9000 进行质量管理具有高度的同构性，为将 ISO9000 引入大学教学质量管理体系提供了前提。

高校教育教学质量管理体系引入 ISO9000 应合理应用其管理理念，不可机械地套用。教育本身的特殊性决定了其与工业企业产品生产质量管理之间存在很大的差异，表现为质量载体不同、质量标准不同、质量形成周期不同及质量检测评价不同。从教育生产活动的本质来说，它是培养社会需要的有用人才，即教育的产品；对社会而言，是提供人力资源——专门人才。而学校就是通过向学生提供满足成才所需的教育服务的机构。此外，学生是活生生的人，具有主观思维能力，教育生产活动也要唤起他们成才的欲望和自觉行动的意识。因此，不可机械套用 ISO9000 条款。我们认为大学教育质量管理活动的“教育生产”活动可以运用 ISO9000 理念，是指活动自身的内外特质同其他生产活动具有高度的同构性。

二、基于 ISO9000 的高校教学质量管理体系

随着我国大学教育的普及，保证教育教学质量作为一个突出问题，高校已经日益将其提上教育管理研究的日程。在大学里，教育质量不仅包括所培养学生的学习成绩或认知水平，还包括学生作为一个人适应社会所需应具备的其他素质的合格程度。应用于工业企业的 ISO9000 质量管理理念符合我国的大学教育质量管理理念，为高校教学质量的管理提供了新的理论模式，实现了我国教学质量管理与国际的有效接轨，也保证了我国大学的教学质量。

（一）我国高校实施 IS09000 质量管理的必要性

1. 高等教育国际化发展趋势的要求

高等教育国际化已经成为现代高等教育发展的潮流和趋势。我国高校 ISO9000 教学质量管理体系的建立，目的之一就是促进国际交流和合作。国外有许多大学应用 ISO9000 评估高校教学服务质量保证能力的成功典范，·些国家的教育机构对外国留学生的学历或学位是否经国际认证机构认证的学校授予的学历或学位做出了硬性规定。因此，我国高等教育推行 ISO9000 是在教育质量管理方面实现与国际接轨的有效途径。

2. 大学教学质量管理水平提高的要求

我国高等教育在发展过程中，在教学管理和质量评价方面虽然也建立了一整套体系、标准和要求，但管理意识缺乏系统性、管理过程薄弱、工作中缺少明确规定、控制机制薄弱，这限制了管理工作水平的提高。而 ISO9000 教学质量管理体系的建立要求建立正规的文件化质量体系，强调过程管理和过程控制，增加管理的透明度，从而保障管理的计划性、落实性和有效性。ISO9000 十分强调持续改进并形成良性循环机制。因此，在高等教育质量管理中，要将 ISO9000 系列标准应用于大学教学质量管理，使管理服务的全过程严格按照 ISO9000 进行控制，使大学管理向办学规范化、制度化和科学化方向迈出一大步，从而促进教学管理水平和教学质量的不断提高。

3. 大学教学服务质量水平提高的要求

教育是服务行业，提供的是教育服务。教育服务也需要符合一定的质量标准，需要按照一定的质量标准予以控制和检查，取得权威机构认证其质量体系是否具有质量保证和质量控制能力。大学教学质量管理应用 ISO9000 系列标准，有利于教师和管理者通过 ISO9000 系列标准的相关质量要素和认证要求，树立新的教育服务观、教学质量观，强化社会责任意识；根据“过程控制”的思想和方法，明确每位教职工在教育服务过程中的任务、岗位职责和工作程序，把工作的出发点落实到为学生提供标准服务上来；根据“质量改进”和“过程控制”的要求，把质量控制与改进作为一个重要的质量要素，就可以主动地根据质量标准自查和他查、自评和他评，及时预防、纠正错误，从而保证教育服务质量的不断提高，为教学质量的改进提供有力保障。

（二）基于ISO9000的高校教育教学质量管理体系理念

1.“以市场为导向”培养人才

在市场竞争环境中，作为以培养和输出人才为己任的大学教育也必须树立“以市场为导向”的人才培养教育教学管理理念。在市场经济环境中，高等教育作为一种特殊的服务产业，其经济属性决定了教育教学活动也可被看成一种“顾客”与“服务”的关系。服务的主体是高校的全体教职员工，服务的对象是用人单位。因此，高校必须树立“以市场为导向”的教育教学服务质量观。教育教学质量就是“顾客对高校所提供的教育教学服务所感知的优良程度”。社会用人单位主要通过使用高校的终端“产品”——毕业生这一载体来感知高校的教育教学服务质量，即看高校培养的人才所具备的能力和素质能否适应经济社会发展的需要。高校必须建立健全毕业生跟踪调查制度和与用人单位间的双向交流和信息反馈制度，及时了解社会用人单位对毕业生素质和高校教学工作的要求和期望，并且根据这一要求调整高校的人才培养目标、专业结构、课程设置和教学内容，还可聘请用人单位的高级技术和管理人员参与高校人才培养过程，或者开展产学合作教育，求得高校内部质量特性与市场人才需求质量要求的辩证统一，使高校教育教学工作更加适应社会和市场的需要。

2.“持续改进”实现大学可持续发展长远战略理念

“持续改进”理念是贯穿于ISO9000的一个核心理念。它指出“组织总体业绩的持续改进应是组织的一个永恒目标”。对于高校教育教学来说，持续改进和创新理念必须贯穿于大学教学管理的全过程，树立从学校长远发展战略角度出发的教育教学质量观，实现高校教育的可持续发展。

（三）基于 ISO9000 的大学教学质量管理体系

基于 ISO9000 的高校教学质量管理体系的构建需要在教育理念的指导下，遵循教育教学活动的基本规律，按照人才培养质量的内涵及规定性要求进行。基于 ISO9000 理念的高校教学质量管理体系由质量文件系统、管理主体系统、管理方法系统三部分组成。

1. 质量文件系统

质量文件系统是指关于质量内涵界定及实现质量内涵目标的若干文本文件的总和。此系统主要包括三大文件系统：一是对大学教师教学活动及学生的学习行为提出目标要求的教学文件系统，是指国家、省级教育行政主管部门及学校有关教育教学工作的若干文件；二是检测教学活动是否达到既定教学目标的质量标准判别文件系统；三是规范教学及其管理活动程序的文件系统。

2. 管理主体系统

教学管理主系统包括三个子系统：一是校、院两级教学管理行政系统。其职能是负责学校教学行政管理，主要由校、处两级教学管理机构和管理人员组成，包括校长、主管教学的副校长、教务处管理人员、院长、主管教学的副院长、教研室主任、院教务办管理人员等。二是教学督导系统。其主要职能是检查、监督学校教学工作，确保教学秩序正常稳定；由校、院教学督导团、学生信息员队伍组成。三是教学评估系统。学校设立评建办公室，主要负责组织和指导学校评建工作，包括迎接教育部评估和组织校内专项评估等。

3. 管理方法系统

管理方法由检查、评价、反馈等组成。检查主要是进行系列的教学质量检查活动，如期中教学质量检查、期末考试督查活动、听课、召开各种形式的座谈会等。评价就是对某些专项教学工作、教学环节、教师教学效果、学生学习质量、专业或课程等进行的评估活动。反馈就是将管理主体、教师和学生在教学及管理活动中所发现、采集的相关的教学信息及时反馈给教学及管理的实施者，以利于及时调整教学及管理活动。

（四）基于 ISO9000 的大学教学全面质量管理

1. 专业建设质量管理与监督

专业建设质量是大学教学质量管理的一个重要方面，是有效保障教学质量的前提。

（1）专业建设质量管理。为了加强高校的专业建设与管理，适应社会经济和科技发展的需要，促进高校教学规格、结构、质量和效益的协调发展，构建合理的专业结构是十分必要的。高校专业的设置和建设的原则是坚持市场需求导向。其具体表现：基本条件具备和动态管理的原则，适应国家经济建设、科技进步和社会发展需要，为经济建设和社会发展服务，并且遵循教育规律及特殊与一般的关系；符合学校发展规划，有利于形成合理的专业结构和优化布局，提高学校的办学效益，提高教学质量；符合教育部和省教育厅颁布的有关文件要求，按规定程序办理；充分利用学校现有资源，同时认识办学资源的有限性，坚持有所为、有所不为；充分利用学校重点建设专业大类优势，以主体专业衍生新专业，形成重点建设专业群。

（2）高校专业建设的监督。为了保障高等教育的教学质量，必须对专业建设加以有效监督。高校专业建设监督的方法：①建立专业社会调查制度。高校培养的人才必须满足社会和市场的需求。建立专业社会调查制度，使教师根据专业特点，有计划、有组织地深入社会企事业单位进行调查和感性认知，通过深入企业对毕业生进行跟踪调查，及时掌握用人单位对专业知识及技能的需求，充分利用调适机制，使专业培养计划、课程设置与知识点的传授更契合人才市场的需求。这样有利于实现高校专业设置的科学性、教师教学的社会需求与知识传授相结合的自觉性及建设“双师”型师资队伍的针对性。②建立按岗位方向分流的培养制度。高校培养人才应坚持以就业为导向，有效提高毕业生的就业率。为此，应根据市场的用人需求，采取灵活措施进行专业调整，并且在每个专业内部划分不同的职业方向，对学生进行分流培养，有针对性地强化专业技能，增强就业竞争力。③建立学生自由选择专业方向的制度。适应学生天性和遵循教学规律，是现代教学的重要标志。大学教育应该自觉遵循这一教学规律，允许学生在掌握专业基础课程之后，根据自己学习的兴趣、特长及能力选择职业方向，并且辅以相应的专业课程讲授、职业证书考核辅导及职业技术训练，从而构建符合高校定位的现代教学管理制度新体系，提高学生学习专业知识的积极性，顺利实现大学生就业。

2. 课程建设质量管理与监督

（1）以保证教学质量为目标的课程建设。课程体系建设应以高等教育内涵、人才培养目标与规格为指导。

第一，注重课程结构综合化、多样化和模块化。当前，我国高校通过实施综合化、多样化和模块化课程，增强适应性教育，有利于发挥学科课程的特长，为学生提供完整的知识结构，增加适应知识和实现课程结构的柔性化。紧扣专业培养目标的课程设置，满足了行业岗位对知识和能力的需求；课程设置时选修课的增加，加强和拓宽了专业基础，保证了学生合理的知识结构，有利于学生形成比较系统、完整的知识结构，又可以满足学生个性发展的需要。

第二，注重实践智慧的培养。高校教育培养的适应现代社会的高素质人才，仅仅满足于专业知识和专业技术的传授是不行的，树立正确的技术价值观、合理利用技术在当代社会显得尤为重要，要注重培养学生求同思维和求异思维的统一、综合思维与发散思维的统一、抽象思维与逻辑思维的统一等。此外，课程改革也必须有利于大学生自学能力的提高，要努力培养学生的创造性品质。

（2）课程建设管理监督。为了明确课程建设的工作内容和建设目标，加强对课程建设工作的管理，要建立合格课程、精品课程评估制度，制定课程建设与管理办法，实现对课程的层次管理。

第一，合格课程是课程建设的基本要求和水准。各类课程通过一定时期的建设，均应达到的基本要求：具有科学的、特色的教学大纲；能充分体现工学结合教学改革要求的授课计划；具有符合要求的教材和与之配套的教学资料；具有科学、严格的课程考核制度，建立课程题库；具有革新的教学方法和手段；有保证课程各环节教学质量的教师梯队；具有一定的教学基础设施。

第二，为保证教学质量，精品课程应达到一定比例。精品课程是课程建设的高水平要求，院级精品课程在合格课程中予以评定。

3. 教学计划质量管理与监督

对教学计划的制订和实施过程必须加强监督，即学校教育管理部门经常对任课教师的教学计划进行检查和监督。大学制订的教学监督计划必须坚持以下标准：

(1) 课程设置合理。高校的课程设置和总体结构必须考虑高校的教学特点和人才培养目标与培养规格，在制订教学计划中要考虑教学内容的实用性和应用性。课程的设置和结构应考虑五点：①加强专业基础课的比重，为学生专业学习打下坚实的基础。②专业课的设置应本着“少而精”的原则，突出基础知识和基本技能的教学内容。③教学计划中要注意课程的衔接问题，课程开设顺序必须根据知识的内在联系按循序渐进的原则安排，还要科学安排教学进程的时间。④教学计划中各门课程的课时分配要根据各课程的目的、任务、性质和特点及在专业中的地位、作用来确定。⑤适当增加选修课的比重。

(2) 重视实践教学环节。高等教育的特色与生命就是加强实践性教学，与社会生产联系更密切。实践教学在教学计划中的课时应达到50%以上，实践形式可以按专业不同进行安排。高校的实践教学应注意三点：①理论教学实训化。②实训方式多样化。③教学手段现代化。

(3) 培养目标具体明确。高校在教学计划中对学生的德、智、体、美、劳等方面要有比较明确的要求。此外，高校在制订教学计划时，还要明确人才的培养规格，即学生所具备的知识结构和能力结构。

4. 教材建设质量管理与监督

（1）教材建设质量管理。高等教育的教材建设应体现高等教育的特色，并且要在教学过程中不断地去完善和创新。在教学中，对教材内容进行合理取舍，并且适当补充适应市场需求的新内容，使课程内容紧贴时代前沿，使学生就业后可以很快进入岗位角色，具备必要的操作技能。这样，高校的教学内容才能真正“鲜活”起来，才能增强课程的灵活性、适应性和实践性，构建适应社会经济建设和个人发展需要的课程体系。

（2）教材建设质量的监督。加强教材建设的监督，主要是要建立稳定的专业教材体系。专业学科教材群的构建要依据“够用、必须”的原则，在考虑实用性的同时，也要考虑必要性。学科内容要以国家专业技能鉴定规范和当地生产技术状况为基准，参阅专业技能鉴定指南和一些发达国家的相应教材，根据技能知识点的要求，决定学科知识点的取舍，并且适当兼顾学科内容的系统性。学科知识点内容讲述得详略，对于不同岗位要区别对待，既可征求各实习教师、工厂专门人才和经验丰富的老专家的意见，又要明确各学科教材的配套硬件、软件、师资、教学时间和教学成本等。

5. 教学质量考核制度及其监督

（1）教学质量考核制度。在高校教育教学中，合理的考试制度能“启发”和“激发”学生的“个性”和“创造力”。

第一，高等教育要将先进的科学、文化与职业岗位的实际需要相结合，面向一定的职业岗位培养实用型人才。因此，对学生专业技能的掌握程度及技术操作能力的考核，对其技术指标达到的程度进行评估是十分必要的。它鉴定了学生的专业技能，而且促进了学生实际操作能力的转化。

第二，考核制度中的综合学科考核是以打破以单科考试、建立专业能力为主的任务式“课业”考核新方法。而课业考核是以实际专业应用知识和三项专业能力为主要内容的考核方法，综合学科考核是以转化和提高三项专业综合职业能力为目的的，如一些高校公共课程中设置的通识课程、选修课程，都以增加三项专业能力培养为目的。

第三，高校对计算机和英语等级鉴定的考核是为了使学生掌握这两种基本能力，使之在日益激烈的人才竞争中具有更大的优势。在计算机能力考核中，应突出学生掌握计算机的理论基础知识，并且能使之转化为熟练的操作能力、语言编程能力和使用高级应用软件解决本专业实际问题的能力；考核英语，应以训练学生的听、说能力为突破口，以转化和提高大学生的英语应用能力为目的。

第四，学术论文的考核。学术论文是学生对所学专业努力学习、刻苦钻研、充分发挥主体意识和创新精神的心得体会。科学、合理的学术论文鉴定，既能促进创新教育的实施，又能促进学生创新精神、创新能力的培养。为了使学生的知识得到扩展、创新，实用能力得到提高，应通过学术论文的鉴定对学生进行科学思维方法的培养和训练。

(2) 考试制度监督。考试是教学过程的重要环节，是检验学生学习质量的一种有效手段，是检查教师教学效果、反映教学质量的主渠道，是保障教学质量的关键。监督考试制度，应打破传统考试制度，树立现代考试观念，构建多种形式的课程考试体系，并且不断完善考试管理体制。

第一，打破传统的考试制度。传统的考试注重理论的系统性和完整性，忽视对知识的实际应用。在传统考试中，记忆性成分所占比重较大，考试本身成了对死记硬背的一种鼓励。虽然这种考试能够考查学生对理论知识的掌握程度，但不能全面衡量学生的能力和技能。对于老师来说，无论是阅卷还是通过考试对老师教学质量进行评估，都没有压力，这严重束缚了学生创造性思维能力的培养。在实践考核上，仅仅通过实践报告就确定学生的成绩，至于学生的动手能力及独立操作能力如何则没有相应的考核办法。而掌握专业科目的知识及其他核心科目的一般知识是大学生继续学习及从事创造性工作的基础，也是大学生教育的重要目的之一。因此，应打破传统的考试制度，对其进行彻底的改革和创新。

第二，树立现代考试观念。高等教育应重视学生的创新能力、实践能力和创业精神的培养，提高学生的人文素质和科学素质。因此，形成以能力为中心，使素质教育观念内化于考试的考核评估体系是建立现代考试制度的核心；转变传统的妨碍学生创新精神和创造能力发展的教育观、考试观，把考试当作实现教育目标过程中的一项有效手段，而不是教育目标自身。

第三，构建课程考试体系。首先，高校考试应以能力测试和培养为中心，紧密围绕能力进行，主要是职业能力和创造能力的培养。考试还应起到“导”的作用，对学生学习兴趣、学习方法、学习目的进行引导；对所测试的科目、课程的发展动态，市场对知识和能力要求的趋向进行引导。这就要求教师紧密围绕课程大纲要求对知识、能力和素质进行分析细化，确定课程效果的评估方法和考核大纲。考试的内容应该能够反映学生基本理论和基本技能的掌握情况，以及分析与解决问题的综合运用能力，使考试真正能够对学生知识、能力和素质进行全面测试和评估。其次，考试形式应多样化，形成考试体系。高等教育人才培养模式具有多样性、应用性、实践性和动态性特征，其考试也应反映这些特征，促进人才培养目标的实现。因此，建立多样性、针对性、生动性、有效性紧密结合的灵活考试方式方法是现代高等教育考试制度的关键。在大学里，课堂评估也是考核的重要方法，教师在教学活动中观察和记录学生的表现，通过讨论问题、回答问题、公开辩论和写论文等方式考查与评价学生。

第四，完善考试管理体制。科学、完善的考试管理体制是实现高等教育目标的重要保证，是建立现代考试制度的重要组成部分。加强对考试制度的管理，首先，做好考务管理工作，实行“教考分离”。其次，建立健全考试结果评价和反馈机制，对考试成绩要结合课程总结性考试和平时考核进行综合评价，并且逐步加大平时考核成绩在总成绩中的比重，实行百分制、等级制和与评语相结合的综合评分办法。

第七章　高校教学管理变革与创新

高等教育的大众化和由此扩大的教学规模，促使我国大学的教学数量与质量之间的矛盾逐渐显现。对高校教育教学管理来说，高等教育改革市场化的取向对其有着内外平衡的要求。高等教育的未来发展呈现国际化的趋势，使各大高校都面临来自国外高等教育机构的挑战。因此，我国必须创新高校教学管理模式，完善教学管理机制，从而促使高校快速发展，提高国际竞争力。

第一节　高校教学管理机制

一、高校教育教学管理机制的内涵

高校教学管理系统的成员包括教学管理决策者、教学者、学习者、教学评价员、教学主管等。除教学体系外，还有科研体系、后勤系统、人事管理系统、学生工作体系、成人教育体系等。所有这些体系和教学体系内的各种因素构成了极其复杂的动态关系。然而，为了实现高校内各要素的和谐统一和动态系统间的统一，就必须建立有效的教学管理机制。准确认识高校教学管理机制的内涵是教学管理机制建立的基本出发点，同时也是建立教学管理机制的现实前提。

（一）机制

了解高校教学管理机制的内涵，首先必须了解“机制”的内涵。但是，由于“机制”的概念本身是抽象的，而且不同管理理念的理论基础不同，所以人们对“机制”的理解也不同。为了理解这个概念，我们可以从一个普遍的角度出发进行探讨。机制与竞争密切相关，没有竞争，机制也就变得不那么重要了。

竞争可能引起的人与人之间的冲突需要通过各种有形或无形的手段置于一定的要求之下，所有人类事务的集体性质能够决定某种自发机制的存在。任何社会活动都有一定的机制，机制发挥着指导和限制作用。在教育领域全面实施市场化教育改革后，社会将对个体和集体教育行为提出相应的要求。因为市场在某种程度上意味着行动自由，但是任何社会都需要限制个人和集体的行动自由，以确保实现公共利益。重要的问题之一是如何在竞争中有序地进行竞争并增加规模，同时使最终结果大大优于每个个人单独活动的结果。人们对机制的理解可被分为以下几种：

1. 机制即制度

在人们对机制所作的解释中，似乎总与制度联系在一起。从此意义上来说，制度运行及与制度运行有关的组织系统内部的关系就是机制的含义所在。因此，理解机制，首先必须理解制度。关于制度，人们通常认为是指在一个社会组织或团体中要求其成员共同遵守并按一定程序办事的规程。由此可知，制度涉及两个方面的内容：一是人们生活于其中，它是既要保证个体利益又不妨碍他人利益的基本规范；二是关于制度的制度，即在制度确定之前，必须考虑一个为人们所共同遵守的制度应当如何被制定出来，也就是议事的规程或办事的程序。与制度相关的概念就是“制度建设”，也就是通过组织行为完善原有规程或建立新规程，以便获得更好的效益。

2. 机制即博弈规则

从博弈论的角度看，其实可以将机制理解为社会的博弈规则，它是人类设计的，是能够制约人们相互行为的条件。生活在社会里的每一个人的行为都不是单纯的个人行为，总会受他人影响或影响到他人的存在、他人的行动。因此，每个人的行为都是相互行为。为此，社会组织的建构就必须考虑对人们的相互行为加以约束。例如，当若干人聚集在一起分蛋糕时，就必须考虑建立能够切分蛋糕的机制，以使切分公平，同时又使这些人集合在一起建立社会组织。没有这样一个有效的切分机制，不仅会使个人利益受损，而且将使建立社会组织成为不可能。有效的机制就是“分切蛋糕者后取”。当然这里牵涉一个对人性基本判断的问题。

这些约束条件可以是非正式的，也可以是有意识设计或规定的正式约束。而博弈规则就是让参与的人采取行动，以及由参与人决定每个行动组合需要对应何种物质结果。因此，从博弈论出发，还能从其他方面定义机制，即通过为组织安排某种制度，约束或激发组织内部个体、群体行为的一种活动。由此可以得出结论，制度安排就是机制的核心，目的是约束和激发组织内部个体或群体的行为。

3. 机制即系统内各构成要素之间相互作用的形式、运动原理和工作方式

这一解释是比较抽象的，所以需要进一步从管理学的角度予以分析，而管理学的研究对象则是复杂的管理系统。这样，一个先于管理学研究而存在的是系统的存在，一个基于自然系统而存在的是社会系统的存在。任何社会系统都无时无刻不在运行着，像生命的有机体那样要确保系统生命力和促使系统不断演化，需要的就是系统内部所有构成要素的相互作用。在这一过程中，需要注意两个问题：一是系统运行的动力在哪里，即系统为什么能像有机系统那样充满活力并不断地朝着某个神秘的目标前进；二是系统前进的顺序是什么。关于这些，事实经验表示，系统的运动变化其实是有一定规律的。而按照系统论观点来说，系统运行时的程序和动力最终都要归结于内在子系统的机制，一种一经启动就可以自发不停地开始生生不息运动的平衡关系。因此，从管理学角度看，机制指的就是在管理系统内部，各个要素与子系统之间相互联系、作用与制约的形式、运动原理

和内在本质的工作方式。

结合上述机制的制度观和博弈论观点，可把机制当成社会为了对个体、群体进行约束和激发，从而设计的制度安排。而在这一定义之中，机制的主要功能有两个：一是对个体或群体进行激发，从而促使某种行为发生。而这种被激发的行为正是组织所期望的行为。组织借助这些行为能够有效地实现组织目标。二是抑制个体或群体的某些行为的发生。这些被约束的行为是组织系统所不期望的行为，而且它们的发生将对组织目标的实现产生严重的阻碍作用。同时，上述定义中提到的制度是具有人为设计的正式规则的意义的，因为就人类的约束机制而言，大量的规则，即那些对人的行为有着重要影响的习惯、道德、风俗等，乃是自发形成的；而人类设计的制度只是人类的各种规则中的一小部分。

（二）教学管理机制

鉴于对机制的理解，从抽象的意义上讲，我们可以将教学管理机制理解成教学系统在操作过程中，其各组成要素间的相互联系和相互作用。这也是对教学运行过程属性的抽象概括。虽然教学管理系统与很多要素有关，如时间、空间、人、财、物等，而且教学管理学所要研究的对象就是要素间的各种关系，但对于机制设计来说，人才是最关键的要素。因此，教学管理机制从本质上必须考虑人与人之间的关系。从个人或群体的意义上讲，人类双方的关系问题即人与人之间的关系，人与团体或团体与团体之间的关系，才是管理者应主要考虑的。

在具体意义上，我们可将教学管理机制理解为为了对教学组织系统内部个体、群体的行为进行约束和激发所设计的制度安排，即教学组织系统。其中，教师、教学管理者、学生、高校内部与教学有关的其他人员都属于教学组织系统内部的个体，重点是教师和教学管理者；其群体则是上述个体的类的集合，如作为群体的教师、作为群体的学生、作为群体的管理者等。

组织系统内部各成员之间的行为是相互影响的，单纯地看，一个制度安排也许是好的，但是由于它必然牵涉组织系统内部的其他成员，所以一个看起来好的制度安排实际运行后得到的可能是一个坏的结果。

二、教学管理机制的核心问题

从教学管理机制内涵来说，涉及两个核心问题。一是能够促使诸多行为发生的问题，即激发行为问题。从教师教学角度出发，教师要准备课程，翻阅各种类型的相关材料，对教学过程进行详细设计，并且实施实验教学与课堂教学，指导学生的毕业设计与论文，以及为学生组织一些课外活动和社会实践等。这样一来，除了能够进一步提升学生的能力素质外，还有利于教师的发展与科学、学术研究，所以教学管理可以通过机制设计促使以上行为发生，这不是短期的，而是连续的。二是抑制某些对大学生提升素质和发展能力没有促进作用的行为发生的问题，即约束行为问题。

但是，实际上，不管是激发还是约束教学行为，学校在建立教学管理机制时都应当将分析教学行为作为前提。因此，学校在建立有效的教学管理机制时，应先评定教学质量，鉴别与之相互作用的教学行为，还有各行为之间的关系，以及这些行为与高校内部其他方面的行为等之间的关系；此外，还需要考查激发或约束的行为与高校教学管理系统外部环境之间的关系。这种鉴别对于教学管理机制的建立仍具有方法论上的意义。没有这种对教学行为及与其他行为之间关系的鉴别，一切有关教学管理机制建立的构想都是虚空的。需要特别强调的是，教学管理机制的设计不仅仅是激发或约束教师行为的问题，还是一个激发或约束教学管理者行为的问题。

第二节　高校教学的常规管理

一、教学秩序与教学常规管理

通过使教学工作程序化、制度化与规范化，保证教学工作在不出差错且确保质量的情况下顺利进行，直到最终完成任务，这是学校教学管理工作最基本的内容之一。

教学是对学生进行教育的根本渠道，同时也是有组织和有计划的教师教、学生学的过程。教学常规管理历来是学校管理的重要内容，也是学校领导者的基本活动。教学的常规管理除了是学校确保正常运行教学工作的基础，还在促进教育改革和教师成长等很多方面发挥着十分重要的作用。学校的教学管理工作是否能和谐顺利地进行的关键在于能否建立正常的教学秩序。建立正常的教学秩序是教学工作得以正常进行的保障，是提高教学质量的重要条件。

（一）教学秩序的含义

稳定、充满活力且协调的教学秩序就是一个良好的教学秩序。教师创造条件为学生传授人类已经探究过的科学真理的过程就是教学，同时也是教师对学生加以引导，从而使其将知识向能力转化的特殊过程。该过程与各年级学生的年龄特征、各年级的教材编排和课程设置等有关，也与教学任务、教学目的、教学方法和教学内容等各层次要求有关。学校管理者首先要考虑的就是怎样使教学过程产生更好的教学效果，并且建立稳定、协调、有活力的教学秩序。同时，这也是学校管理者必须做的工作。

稳定的教学秩序就是学校在一定的时期，按一定的标准，招收一定数量和质量的学生，开设一定数量的课程，使用一定质量的教材，使学生经过一定年限的学习，达到一定的成绩标准毕业离校。这是一个年复一年、周而复始运转的过程。学校应时刻按照教学规律办事，这样才能使教学过程正常地运转下去。学校应当根据自身特点，制定各种规章制度，使教学工作有章可循、照章办事，所有员工各司其职，互相支持和配合。

协调的教学秩序就是上述各种因素既有各自的客观标准，互相之间又有相互制约的关系。课程的多少、教材的深浅繁简与学习年限的长短、入学程度的高低、教师教学能力的强弱，都应该相互协调吻合。如有一处脱节，就会引起混乱，教学中的各种正常比例关系就会失调。

具有活力的教学秩序要求改进课堂教学方法，让以学生为主体的课堂代替以教师为主体的讲堂，同时也要将这两者有机结合起来，使课堂教学与课外活动互相补充、互相推进，以扩大学生的科学知识视野，发展能力，增长才干，丰富精神生活和增强体质。这种师生与课内外的有机结合，能够陶冶学生的情操和开拓他们的思维，使其形成爱科学、学科学、用科学的直接兴趣，从而生动活泼、主动地学习。

稳定、协调、有活力的教学秩序，有助于教师顺利完成各项教学任务。学生的德、智、体、美、劳的全面发展是学校教育的根本教育目标。保证学生在德、智、体、美、劳等方面都得到发展，是学校管理工作的全局目标。教学计划是学校管理工作这个全局的一个主要组成部分。而教学计划对于个别学科来说，又是一个全局。恰当地处理好这两个全局及其内部的关系，是建立稳定、协调、有活力的教学秩序的关键。学校除了教学工作外，还有团、队、政治课教师和班主任系统的思想教育工作，以体育教师和校医为主体的体育卫生保健工作、行政管理及总务等工作。学校的各项工作都要围绕教学这个中心。学校应制定相应的工作制度，为建立正常、稳定、有活力的教学秩序创造良好的条件。

（二）教学秩序的意义

1. 全面提升教学质量的保障

衡量教学质量的高低不仅要看智育任务的完成情况，而且要看德育、体育、美育等任务的完成情况。智育任务不仅强调基础知识和基本技能的教学，还要求通过课堂教学和课外活动发展学生的能力。真正高质量的教学必须做到上述几个方面的有机结合，统筹兼顾。而保证学生德、智、体、美、劳等全面和谐的发展，就必须建立正常稳定的教学秩序，这样才能把学生从过重的课业负担和频繁考试的束缚中解放出来，让他们学得开心，让他们在掌握知识的同时，提高实践能力、自学能力和创造能力，让他们在长知识的同时，长身体、长才干，并且形成高尚的道德品质和良好的行为习惯。

2. 有助于防止教学管理混乱现象的出现

近年来，涌现了一批坚持全面育人、减轻学生过重课业负担、提高教学质量的先进学校。这些学校能够端正教育思想、加强科学管理、提高教师素质、改革课堂教学，建立了正常、稳定的教学秩序，取得了十分可喜的成绩。但是，仍有相当数量的学校任意改变教学计划，随意增减课时，频繁考试，布置过多的作业，让学生在校时间过长。有些教师甚至扶优逐劣，歧视后进学生，教学秩序比较混乱。因此，教学常规管理的首要任务就是坚决防止这种混乱现象出现，努力建立正常、稳定的教学秩序。

二、教学常规管理的内容和实务

（一）常规性的教务工作内容

1. 学期初的常规性工作

学校在开学前后的工作重点就是保证班级工作的照常开始且尽可能快地回归正常教学轨道。一般来说，常规性工作是学期初最常做的，所以教务工作的首要任务就是前期的招生，编班，安排好课程表、作息时间，做好其他活动表格等。这也可以说是为了学校能正常运转下去而制作的总运行图和调度表，反映了教学秩序，而且充分体现了教育教学思想。

在学生基本办理完入学报到各种手续的下一步，就是组织师生上好“第一堂课”。教师需要在第一堂课就给学生留下一个深刻且良好的印象，以便顺利进行之后的教学活动，达到让学生认识教师并相信教师的效果。

一个良好的开端就意味成功了一半，所以教务管理人员一定要看准时机，适当、合理地对师生工作、学习等的积极性进行调动，努力把师生的兴奋中心转移到教学中，或者督促他们把重点放在教与学上。

2. 学期中的常规性工作

在开学之后到期中考试前夕，教务处工作的重点是多且复杂的，如制订并落实各科的教学计划和学生的活动计划、对全校学生名册进行编辑、时刻检查教学进度、将相关的规章制度修订好、组织教师会议并积极听取教师意见、查看教学成果及组织期中复习、考试等，达到教学过程中的第一个高潮。在该阶段中，各科教师还要在教务处的协助下，开展课外学科小组活动，对课外教学的活动计划进行落实。

教务处在期中考试之后的工作重点就是做好期中考试总结，在检查、评估教学工作方面积极地配合校长。基于此，教务处还要学会分析重点学科的教学质量，从而有针对性地提出相关改进措施；与此同时，还要仔细检查教务工作本身有没有问题，在安排期末结束工作时也要尽量细致，从而达到教学过程的第二个高潮；预定下学期的课本，做好物质准备；同时还可以面向全校组织教学观摩和教研活动。学期中的工作一般都在常规性工作范畴内，只要按照教学计划的日程安排按部就班地做，就能够收到实效。

3. 学期末的常规性工作

学期末时，教务处工作的重点开始有所转向，即组织好期末考试，做好评分，同时为之后分析全校教学质量及判定学生该留级还是升级提供充分的数据和素材，还要组织班主任填写学生以往的成绩和操行评定通知书；记录好各年级和各班学生的出勤率并予以公布；对期末之前的工作进行总结，收集好曾经评选的“三好学生”和“优秀教师”材料；查看学生手册，做好期末的结束工作，印发毕业证书和通知书等；还要组织指导教师做好学期结束的各项工作，包括教师自身的教学总结、教研组工作总结，做好教务处自身工作的考核与评比，安排好假期工作，制订下学期教学工作计划、下学期工作的总体安排；等等。学期末的这些工作是学校整个教学工作过程中的一环或一节，既承上，又启下。因此，教务处一定要把这些工作做好，不能重开端而轻结尾，不能因为是学期结束了，存有马虎、潦草收场的心思，以致耽误工作。

（二）常规性的教务工作管理

1. 教务计划管理

（1）教务处教学工作计划。学校要在整体工作计划的指导下研制教务处的教学工作计划。教务处的教学工作计划对学校的整体工作计划来说是主要的组成部分，并且应当由校长亲自主持编制该计划，而辅助制订者则由教导主任担任。

教务处的教学工作计划的主要内容：制定并实施改进教学工作的措施；增强师资队伍建设力量的措施；开展教学研究、促进教学改革的措施；完善管理制度、稳定教学秩序的措施；提高学生学习积极性的措施；加强实验室建设的措施；等等。

（2）教师教学工作计划。学校教学工作计划管理的基础性工作之一，就是指导教师制订好教师的教学工作计划。因为学校教学工作计划管理要落实在教师教学工作计划中，所以教务管理者必须重视这项工作。教师教学工作计划的主要内容：分析上一学期学生学习本科课程的一些情况，包括基本技能、知识、学习态度和方法、能力发展水平等方面；分析本学期课程的教材内容，包括基础知识、基本技能等；分析教材的体系结构及教材与教材之间的关系；本学期提升教学质量和改进教学方法的措施；教学进度安排；等等。

教务处除了要负责学校教学工作计划的制订与实施外，还应当指导学生制订自己的学习计划，使学生的学习有计划、有目标地进行。

2. 教务组织管理

在制订好学校教学计划以后，教务处就要担负教务组织管理工作，诸如排课、调课、代课和补课，检查教学进度，检查教学质量，听取教师的意见和建议，召开教师会议，组织班主任填写学生的平时成绩和操行评定通知书，组织教师或学生进行教学或学习经验交流，详细记录与公布各年级和各班学生的缺勤情况，收集好“三好学生”和“优秀教师”材料。教务常规工作的基本职能即组织实施，而常规管理的基本职能则是组织管理。一般来说，学校对教务组织及管理是非常重视的，尤其重视教务组织工作中的统计管理工作。

加强教务统计管理可以使学校时刻掌握教育教学发展动态和基本情况，从而在遇到问题时能及时采取有效措施。学生的考勤统计、基本情况统计、学习负担情况统计、各科成绩统计及完成教学计划的统计等都属于教务统计的范畴。而统计报表则包括了学生概貌报表，其中包括全校学生人数、男女生分别人数、户籍、来源、民族、党团员人数等内容；教职工概貌报表，其中包括教职工总人数、男女教师分别人数、每个专业的人数、退休教师人数及教师文化程度、年龄等内容；学生的迟到、旷课、早退人数报表；学生考试成绩统计报表；教师出勤情况报表；等等。

三、课程改革与教学方法管理

（一）根据教学方法的多样性进行管理

教育学教科书一般会介绍八九种教学法，但教师在教学实践中所使用的教学法的数量不是固定的。因此，在教学过程中，不是单一的教学方法对教学起作用，而是由多种教学方法构成的教学方法群对教学发挥作用。除了一般的教学法外，各学科教学都有各自的教学法，如数学教学法、语文教学法等。某一门学科的教学法又可被分出许许多多的教学方法，如外语教学法中的听、说、读、写教学法。即便是阅读教学，也可被分出精读、泛读、快速阅读等方法。总之，各门学科都有大量的教学方法。

教学方法的多样性受多种因素的制约，如教学任务、教学内容、教师特点、学生特点、教学条件等。教学方法的多样性要求学校的领导者在进行教学方法管理时，首先，要求教师学习和掌握多种多样的教学方法；其次，指导教师根据实际教学的需要，运用多种方法进行教学；最后，热情支持和鼓励教师进行教学改革和实验，创造新的教学方法。当然，教师对教学方法的使用应持慎重态度。教师要对各种教学方法进行认真分析和筛选，结合教学实际加以利用，绝不能孤立地、单独地运用某一教学方法进行教学。

（二）根据教学方法运用的综合性进行管理

在一节课上，教师不可能只采取一种教学方法就能达到教学目的，因此需要将多种教学方法结合起来再综合运用。比如，教师在上物理课时，一般为了证明力学原理会用到演示法。但实际上，教师往往会首先进行复习检查，向学生提问并对上一节课的内容进行指导；其次，在教授新课时，教师又往往以提问为主，让学生产生疑问，再演示相关教具，而且在演示过程中引导并启发学生进行观察与思考；最后，基于教师的提问和学生的回答情况，简单并抓住主干问题讲清楚力学的原理究竟是什么，让学生记好笔记并布置作业练习。在这一系列的活动中，教师运用了多种教学方法，有检查复习法、演示法、指导观察法、讲解法等。

教学方法的运用之所以具有综合性，主要有这样几个原因：一是因为教学内容是复杂的。尽管每节课的主题可能是一个，但围绕一个主题还有多个具体的问题，所以教师应根据教学内容采取多种教学方法。二是学生的学习是一个过程，所以教师在不同的阶段应采取不同的教学方法。三是某一种教学方法对某一节的某部分教学内容起作用，但不会对所有的教学内容都起作用。因此，在教学过程中，教师应将各种教学方法结合起来运用。

根据教学方法运用的综合性特点，管理者在管理过程中要指导教师综合运用各种教学方法，将各种教学方法有机结合起来，既可以以“一法为主，多法相助”，也可以“多法并用，相互补充”。如果教师一节课只用一种方法，就易使学生倦于听课，达不到期望的教学效果。

（三）根据教学方法的艺术性进行管理

对于教学法，教师要认识“教学有法，教无定法”的特点，正确处理“有法”与“无法”的关系。“教学有法”是指在任何一种教学活动中，教师都要运用一定的教学方法。“教无定法”是指教师在教学过程中不能固守某种教学方法，不能将教学方法公式化，而应根据教学的需要灵活运用。“教学有法”讲的是教学方法的科学性，“教无定法”讲的是教学方法的艺术性。因此，教师在教学过程中既要注意教学方法的科学性，又要讲究教学方法的艺术性。

教学方法的艺术性是指教师在使用教学方法时，不能按照固定的程序使用，要根据条件和需要，善于将教学方法创造性地运用于教学实践中。教学方法如何使用、什么时候使用，主要取决于教学的实际情况。

教学活动是师生的双边活动，可以充分体现师生双方的主观能动性。随着教学活动的推进，学生的心理活动、学习表现会出现新的变化。不同的学生对同一学习内容也有不同表现；即使是同一学生，也会因学习内容的变化而有不同的表现。比如，教师在运用讲授法进行教学时发现学生没有兴趣，就应运用其他方法激发学生的求知欲；在学生感到疲倦时，教师可以运用有趣的方法，启发学生的学习兴趣，消除学生的疲劳感。

根据教学方法的这一特点，在教学方法管理中，管理者应强调教师熟练掌握各种教学方法，要求他们灵活地、创造性地将教学方法运用于不同的教学情景中。只有灵活、巧妙地运用各种教学方法，才能产生良好的教学效果，才能充分发挥教学方法的作用。

（四）根据教学方法的发展性进行管理

教学方法是随着社会发展和教育发展而发展的，没有永恒的教学方法。教学方法的发展不仅指量的增加，而且指质的提高。教师不仅要创造更多的教学方法，还应根据教学的发展不断改善教学方法。

第一，管理者应鼓励教师学习古今中外优秀的教学方法。我国历史源远流长，有着丰富的知识宝藏。在教育方面，也有许多值得我们今天借鉴和发扬的内容。管理者应鼓励教师认真学习我国古代的教育方法，剔除其糟粕，吸收其精华。我国古代教育家们创造的许多教学方法仍然具有旺盛的生命力，如“启发诱导”“长善救失”等。对历史秉持虚无主义的态度是十分错误的，而不分良莠全盘继承也是不正确的。因此，教师应批判地继承我国古代优秀的教育遗产。对国外优秀的教育教学思想、方法，教师也应积极吸收。凡是有用的，教师都应努力学习。同样，盲目排斥是错误的；而不加分析、全盘接受也是不正确的。

第二，管理者应支持教师在实验的基础上大胆创新。学校教导主任要认识到教学方法对实现教学目的的桥梁作用，应鼓励和支持教师不断去实验，在实验的基础上创造新的教学方法。

第三，教学方法改革要与教学的其他改革配套。教学方法应服务于教学思想和教学目的，而制约它的则是教学对象、内容和组织形式等。此外，若不改革传统的考试制度和教学指导思想，教学方法是很难得到发展的。因此，教学方法改革应与学校教学整体改革相结合，单纯的教学方法改革，效果不会太好。

第四，教法改革与学法改革并重。教学过程是教与学统一的过程，所以教学方法改革是教法与学法两方面相互协调和统一的改革。长期以来，教师对学法重视不够。实际上，教法是为学法的有效性服务的。教师在教学过程中应加强教法与学法统一的研究，促进教学方法的发展。

四、教学方法的优化

（一）从注入式转向启发式再转向学导式

“从注入式转向启发式再转向学导式”揭示了学导式由启发式发展而来，启发式由注入式发展而来。其中，注入式又可被称为填鸭式，主要是指教师并不关注学生现实中的知识水平、理解能力和认识过程的客观规律，只是一味地灌输给学生现成的知识结论，从自己的主观方面掌控教学进程，而且仍旧实行让学生死记硬背的模式。启发式则是指在教学过程中，教师按照学习过程的客观规律对学生进行引导，使其能自觉掌握知识的教学方法、理论等，淘汰注入式方法。我国教育的指导思想和原则一直都是启发式教学。但是，由于学校管理水平和教师素质不高，启发式教学长期以来一直处于“启而不发”的状态。学导式教学是由启发式教学发展而来的，它的教学方法是在教师引导下，教师对学生采用个体结合群体的方式，使其自主、直接和快速地参与到教学过程中，让其在教材中获取知识，形成学力，掌握学法。这是学导式教学法的完美形态。这种教学方法除了要求教师对教学中的人人关系和人书关系加以重视外，还要求教师考虑教学系统空间因素，考虑教学内容的量度、密度，注意教学的速度和节奏，高速高效地安排教与学的过程。从学生角度来说，学导式教学是一种主动学习、自主学习的活动。由此可以看出，启发式是对注入式的否定，学导式是启发式的升华。

（二）从依赖教学转向自主教学

学生对教师有着很强依赖性的教学活动即依赖教学，其有着“一维性”特点，也就是只有一种目标和结果。在依赖教学过程中，教师统一安排教学内容、统一制定教学目标和统一使用教学方法，而学生则会因为教师让自己学习才学习，觉得学习是教师要管的事。依赖教学的“一维性”使一些学生“吃不饱”，有的“吃不了”，有的“吃不好”。

学生受教师引导，主动地参与到教学的全过程中，而且能够自主地进行学习活动就是自主教学。这一教学活动有着“多维性”特点，也就是会有多种目标和结果出现。教师对学生予以鼓励，让他们按照自己的能力和特点参与制定教学目标，并且促使他们通过提出方式、策略而实现自我强化，以便能够最大程度地按照特点制定教学目标。学生会认为学习是自己的事情。自主教学的“多维性”会让优、中、差生“各行其通”，“优生不封顶，差生能保底”，各类学生在原有的基础上都能得到不同程度的提高。

从依赖教学到自主教学，既是一种改革趋势，又是一个渐进过程。作为一种教学方法，自主教学要求教师在学习需求、学习方法、学习过程、学习资源、学习时空、学习评价等方面促进学生增强自主性，要求学生明确使命感和目标追求，还要具备创新意识和活跃的思维，并且可以自发地对自身学习行为进行监控和协调。

（三）从认知教学转向情知教学

认知教学的教学过程是感觉—思维—知识、智慧，偏重智力、逻辑、分析、科学领域。它的特征：教师不给学生观察、思考、提问题、自己动手的机会，一味翻来覆去地讲，而学生依样画葫芦地做习题。学生摸不清学习的具体目标，不知道自己在学习的长途中走到了什么地方、走得怎么样、应从哪里努力等。

情知教学的教学过程是感受—情绪—意志、性格。它的基本特征：强调教学过程是认知过程与情意过程的辩证统一，因而情知教学不但重视研究教学过程的认知因素和智力因素，而且重视研究教学过程中的情意因素；不但重视认知功能中反映作用的发挥，而且注重情意功能中动力作用的发挥。

第三节　高校教学管理模式变革

一、当代高校教学管理观念的变革

（一）由“以事为本”转变为“以人为本”

当代高校教学管理想要贯彻“以人为本”思想，就要面向基层、服务对象和教学活动等。因此，管理者不管要实施哪一项与教学管理相关的制度、政策和措施，都要将这一点作为前提，以促进教师教学活动的自主性和创造性、学生学习的积极性和主动性等，以便能够对学生的实践能力和创新精神进行培养，从而最大程度地发挥其创造性、主动性。因此，当代高校教学管理观念应为以“人”为中心的民主型管理观念。当代高校教学管理应改变被管理者的被动地位，使他们既属于管理对象一类，同时也能具备管理主体的观念；与此同时，还应采用民主、参与的管理方式，充分保证教师顺利地参与教学管理工作，提出与教学管理有关的建议，以有助于学校教学管理工作的顺利开展，保证教学质量。

管理者与被管理者之间存在双重关系，即工作关系和人际关系。工作关系主要强调责任，而人际关系则强调感情交流。在学校教学管理过程中，管理者需要保持双重关系的大致平衡。从被管理者角度来讲，管理者除了需要强调其工作关系，严格要求被管理者且坚持原则外，也应注意人际关系的重要性，即增进彼此间的感情，爱护被管理者，关心被管理者。

（二）坚持“教师主导，学生主体”的教学原则

“教师主导，学生主体”的教学原则强调让学生在学习时明确自身地位，以教学主体存在。因此，教学活动的最终效果或评估系统不是基于教师所教的内容，而是基于学生所学的内容，以及其对他们的素质产生的影响。从本质上说，这是“以人为本”思想在教学管理过程中的重要体现。

二、当代高校教学管理模式的变革

当代高校教学管理模式既要严格，也应宽松，即办事应当严格遵守规章制度，一视同仁；同时对于创造性人才的培养，在管理模式方面也应较为柔软和有弹性，充分对学生潜力加以挖掘，并且为发展其个性创造条件。因此，管理者在教学管理过程中应当时刻关注规范严格执行与灵活性之间的关系，给予学生充分的空间和时间，让其发挥自身的个性，进而让其创造性思维在一种宽松的环境氛围中得到发展。与工业经济时代“标准化”教育的“刚”性管理相比，当下知识经济时代的教育是一种建立在鼓励创新教育基础上的具有较高理论水平的“柔”性管理。因此，我国高校尤其要对“刚”性教学管理制度进行改革。在深化教学管理改革中，教师需要发挥更大的作用，管理者必须鼓励教师积极参与教学管理改革。一些现行的管理制度已经有些阻碍改革进程了，如很多大学都实行了教学工作量制

度，主要通过计算教师承担教学任务的总量来调控教师的工资和奖金。但是，在改革教学管理工作的过程中，教师经常会投入很多精力，如编写新教材和制订改革方案等。在大部分情况下，其工作量一定会超过原本的教学任务工作量，但这一过程几乎不会体现在教学工作量计量中，从而导致了教学管理改革动力不足的问题。因此，高校需要出台一些政策，保证或勉励教师能够积极地实施教学改革。

然而，如果不减少现有的学时，就无法让学生有时间和精力选择自己真正想选的课程。从表面来看，实施学分制的做法提供了很多学习条件给学生，但是因为时间上可能发生冲突，课程也可能太满，所以这些将会导致学生基本不可能超前修课。虽然目前国家已经淡化了专业类别，但是对于具体的人才培养计划来说，其“专业性”依旧很强，学科交叉的目标还是可望而不可即。因此，改革现有的教学管理模式和方法是教学管理改革的突破口。

在人才培养模式中应用先进的教学思想观念有赖于高校教学管理部门的有效协调、组织和实施。例如，高校教学管理部门的一项重要任务就是制订人才培养计划。其遵循的原则是否符合培养创造性人才的要求、是否协调了各方的关系，对深化教育教学改革有着举足轻重的影响。对于课堂教学评价来说，传统意义上的突出重点、逻辑性强和解决课堂问题等是上好课的基本标准。这一基本标准主要服务于传授知识的教育模式。而从学生创新精神的培养角度来说，传统的教育方式是不可能做到的。因此，高校教学管理部门应当先制定教师教学评价标准，并且在教学诊断时以现代教育理念为指导，激发教师教改积极性。在改革了教学管理模式后，高校教学管理部门就要改进教方面的管理和学方面的管理，主要应关注学生的学习方法、态度、习惯和效果等。在人才评价标准方面，标准过于单一机械，往往会压制学生的个性发展，扼杀其创新精神。因此，高校教学管理部门应当正确对待每位学生，支持其个性发展，使其能够开发自身潜能、发展独特个性、培养自身兴趣爱好等。总之，高校应建立有利于学生和教师培养创造性的科学评价体系和评价方法。

第四节 高校教学管理的信息化创新

一、高校教学管理信息化建设的意义

高等教育必走的强业之路就是保证能够快速平稳地实现教育的信息化。为了满足我国当前高等教育不断扩大招生规模、不断增强校内建设的需求，建立高校信息化管理教学体系十分必要。学校中教师的数量在不断增多，学生的数量更是逐年增长，加大了管理学校的工作难度。国内的高校教务部门逐渐投入现代信息化的教学管理体系建立工作中，逐渐带动教学模式信息化的快速发展。同时，国内高校教学管理体系还要实行相对统一的运行标准，以保证各大高校之间能顺利地合作，进行教学管理、学籍档案管理和用户管理等方面的工作，也会有效降低之后在共享工作信息资源中的出错频率，提升工作效率。

高校建立信息化教学管理体系，除了可以提升教学信息的处理能力、加大信息贮存的管理力度外，还可以让校内的教学管理工作实现有序化发展。这样一来，就能在一定程度上减少管理人员的工作量，防止由于部分管理人员的态度不认真而导致信息遭到扰乱的现象，从而充分体现教学系统中教学管理工作的重要作用。

入学时，学生要将个人档案和信息交给教务部门保管。在日常工作中，教务部门要时刻保证自身部门工作的时效性或高效性，及时地给学校领导、教师及学生提供他们所需要的信息，从而使他们能够在工作、学习中时刻共享信息资源。这样将非常有利于提升教职工的工作效率和学生学习的效果。同时，教务部门还应不断鼓励高水平的教师对校内其他教师和学生加以引导。

二、高校教学管理信息化平台

（一）高校教学管理信息化平台的内容

教学管理信息化平台的建立是目前高校教学管理的重点，建立教学管理信息化平台是高校教学管理信息化发展的核心所在。教学管理信息化平台一般包括以下几个板块的内容：

第一，用户管理。设定的用户群范围可以是学生、教师和其他人员。这些人员需要输入账户名和密码，允许通过后才能访问平台，从而进一步保障教学管理系统的安全。另外，教学管理信息化平台应使用户在选择板块内容时相对自由，但不允许用户随意更改信息。

第二，课程管理。教学管理信息化平台应能使平台管理者及时地对开设的课程及与课程相关的信息进行录入，如录入课程用时和课程代码等信息，而且应方便教师与学生及时找到关于课程的相关资料。

第三，智能化排课。排课的合理程度与教学结构的合理优化是相互直接影响的，系统也会按照具体教学状况来优化教学资源。

第四，教学计划设定。平台应能够便于学生找到自己完成学业的情况及学习状况，为毕业做好充分的准备。

第五，对教材的针对性管理。该类管理的目的是让教师和学生都能及时地领到教材，推进学习进程；方便对书籍进行管理，同时记录好购进书本的价格、版次、出版日期等信息。

第六，注册管理。学生在人工注册完成后，要到网上再一次进行注册。之所以这样做，是为了避免出现学生遗失自身信息的情况。

第七，成绩与学籍管理。学生学籍的主要信息包括学生的日常表现、在校的成绩记录等。网上的这些信息都是可以被查到的。这样不仅能够减少教师的工作量，还能提高对学生的管理效率。

（二）高校教学管理信息化平台建设策略

高校要想建设高品质的信息化教学管理平台，就必须谨记“人不在多而在质”，即尽可能减少用工数量，以最小的投入换取最大的回报。因此，这样的选择势必会促进高校教学管理信息化建设。

1. 严格遵循设计教学管理信息化系统的原则

首先，设计者对信息化教学管理系统中所需要的资料都要事先考虑清楚，并且对每个系统建设的细节有相对充分的了解。这样做可以为教学管理信息化平台的后期设计提供有力的现实依据。在设计的同时，设计者还要结合当前高校发展的具体情况，保证不脱离实际，而且基于学校发展的具体要求对信息化教学管理系统进行设计。其次，设计的系统应尽量简单且方便操作，避免出现非常繁杂的页面和复杂的启动程序等。设计者在页面的首页就要设置提示，以便让用户找到其所需的信息。这也正是保障高校教学管理体系信息化的主要推广原则。再次，设计者应明确工作流程。这意味着在具体操作中，设计者要把握规范，不能违背原则进行操作。在平台板块的设计上，设计者应尽可能贴近教学实际，实现各渠道信息的一致性、完整性，防止发生信息被错误获取的问题。最后，设计者应建立有效的信息反馈版块，让使用者在亲身经历之后提出合理的意见和建议，提高信息化教学管理系统的使用质量。

2. 明确教学管理信息化平台的基本组成部分

教学管理信息化平台必须具有的基本组成部分：学籍管理模块、校内资源管理模块、教务信息管理模块。其中，校内资源管理模块包括教室资源、精品课程、课程资源及教师资源管理等；学籍管理模块包括已修学分的查询、学籍信息及与学历有关的信息查找；教务信息管理模块包括课程信息、考试考核、培养计划等。信息化教学管理平台就是由这三大模块组成的。这三大模块除了能保障平台高效运行外，还有助于实现资源共享，方便学生和教师获取信息资源。

3. 建立高质量的网络维护安全网

智能化网络系统对信息化教学管理平台来说是非常重要的，但对于网络系统来说，其各方面经常会受到威胁，具有可侵害性和不稳定性。因此，对系统自身安全性的保障应当是教学管理信息化平台维护的重点，使其尽量少受外界的干扰。目前的教学管理系统主要是基于校园网建立的。设计者需要运用较强的技术手段，提供一个能及时处理和可信度高的信息平台，同时建立高质量的网络维护安全网，进一步实现平台信息化的不断发展，从而保障信息安全。

三、促进高校教学管理信息化建设的具体方法

（一）更新教学观念，加大教学管理信息化的建设力度

在改善教学管理信息化的环境方面，教师的观念是非常重要的，而且学生受教师的影响很大。正是因为这样，教师才要首先发挥带头作用，勇于使用新方式进行教学，敢于尝试新科技，逐渐引导学生慢慢适应并积极应对目前的新教育形式。此外，学校还要加强校内信息化教学管理应用观念，紧密联系正常的教务体系与信息化的教学管理工作，不断深化信息化教学管理系统改革，保障信息安全，加强对信息化教学管理平台的监督管理工作，保障平台的正常运行。

（二）建立优质的教学管理体系，不断提高工作效率

高校教学管理信息化是不断发展的，所以信息化管理水平和管理人员的工作效率就显得非常重要。因此，为了进一步适应当前发展要求，各部门之间应积极配合，学校的领导还应建设一支优秀的教学管理队伍，提高教学管理信息化水平，增加校内管理人员参加培训的机会，使其走出去，引进更多的高端教学模式；鼓励管理人员，使其努力提升自身的专业化素养，同时提高应用现代化科技的水平；培养管理人员思考与解决问题的能力，避免教学管理工作中可能出现的弊端，从而促进教学管理系统信息化的快速发展。

（三）保障教学管理信息化平台的科学性

教学管理信息化平台的建设需要信息资源和信息技术的支持。管理者在平台的开发设计过程中要充分结合学校当前的实际情况，作出合理的调

整，以提高建设速度；针对整个设计开发过程，从事开发设计工作的人员一定得是专业的团队，同时需要有一个具有较强决策能力的领导参与其中，以加快整体设计开发进度；当系统正式投入使用后，管理者应安排专业人员不断依据用户的一些意见进行调试和修改，从而更好地体现教学管理信息化平台的智能化和科学性，满足用户信息处理、收集、共享和管理等方面的要求，提高平台的使用价值。

（四）建立相关的系统管理制度

建设教学管理信息化平台不光需要专业化团队的管理、各种技术的支持、教学观念的更新，还需要正确的系统管理方式，所以要快速建立健全高校教学管理系统，管理者就应当制定合理的管理规定，以便对教学管理信息化系统进行监督，避免不合规定的情况出现，从而影响系统的应用性。与此同时，良好的管理制度能使高校内部管理人员及时依据实际状况修改系统，对信息进行更正，以防信息错误从而影响正常工作。

第五节　高校教学管理中的新媒体管理

一、新媒体的界定

目前，人们对新媒体仍没有一个非常统一、明确的认识。清华大学熊澄宇教授将新媒体定义为“新媒体构成的基本要素有别于传统媒体，否则，最多也就是在原来的基础上的变形或改进提高”。其实，新媒体与传统媒体相比，属于在广播、报刊和电视等传统媒体的基础上发展起来的新形态。新媒体利用了网络技术、数字技术和移动技术等，并且通过无线通信和有线网络等渠道，还有手机、电脑等服务终端，最终使用户接收信息和娱乐资源的新媒体形态。即时性和交互性、超文本与多媒体、共享性与海量性、社群化和个性化等都是新媒体所具有的特点。

二、高校新媒体教学环境构建与管理

（一）多媒体教室构建的原则

1. 实用性

实用有效是多媒体教室主要的构建目标。只有操作简单、切换自如、效果良好，才能最大限度地发挥设备的作用。

2. 可靠性

系统构建方案的首要设计原则就是确保设备长期稳定和人机安全等，以便在运行系统的过程中，为用户提供有效的技术手段，从而降低用户的人工和资金成本。

3. 先进性

相关人员在对设备进行选型时应当随技术发展的方向作出相应的调整，尤其是在对中央的控制软件进行选型时，更要充分体现系统整体的先进性。

4. 扩展性

多媒体教室能否与 Internet 相连、能否调用教室外的教学资源是判断多媒体教室可扩展性的首要标准。

5. 安全性

考虑到在非教学时间内使用教室设备的安全性，相关人员应当按照设备的规格定制操作台并兼顾防盗、防火。

6. 便捷性

多媒体教室设备应可以实现一键关机或远程操控关机功能，以方便教师操作。

7. 经济性

实用功能是设备选型和系统设计中最注重的，所以应当相对降低总体投资，让经济性与先进性实现完美统一，以及价格比与设备性能的综合最优化。同时，一切都要从学校教学管理的实际出发，拒绝一切学校用不到的、华而不实的东西。

（二）多媒体教室的构建

1. 单机型多媒体教室的构建

（1）电子书写屏。电子书写屏可以代替显示器，并且具有黑板的传统书写功能。其目前主要的产品有鸿合等，主要功能为同屏操作、同屏显示、自动排版、文书批改、手写识别、动态标注、后期处理等。使用电子书写屏可有效避免多媒体教室设备因使用粉笔灰尘过多而导致出现故障、影响设备使用的情况，尤其是避免投影机因灰尘过多而频繁保护停机，以及液晶投影机的液晶板因灰尘过多产生物理性损伤的情况，同时为教师提供洁净的教学环境，有益于教师身心健康。

（2）投影机。相关人员应按照多媒体教室的不同大小配置具有不同对比度和亮度的品牌液晶投影机。在一般情况下，对比度和亮度越高，投影机的价格就越高。同时，因为多媒体教室中最消耗的就是投影灯泡，所以相关人员在选择品牌投影机时应尽量避免以后购买灯泡困难的情况，但也要注意保证质量；另外，注意使用亮度稳定且寿命较长的超高功率冷光源灯泡的投影机。

（3）操作台。相关人员应根据设备规格科学合理地设计定制操作台，要考虑使用的方便性，兼顾防盗性。应用电控锁作为操作台门锁，通过中央控制器实现一键开、关机，即一开即用、一关即走，极大地方便教师的使用。

单机型多媒体教室的构建应根据多媒体教学的特点采取优化措施，不配置其他不常用或多余的设备，使整个系统简洁明了，有利于教学与管理。

2. 网络管理型多媒体教室的构建

（1）中控系统。网络管理型的多媒体教室大多是采用网络中央控制系统。这一系统有丰富的接口、功能强大，而且有着高集成度的特点，还内嵌了网络接口，采用了 TCP/IP 技术，通过校园网之间的互联进行远程集中控制。控制方式有三种，即通过软件、网络与手动面板来控件。

（2）操作台。相关人员也应按照设备规格合理设计定制操作台，以此满足使用方便、防盗的要求。在开启操作台门锁时，可以进行本地操作，也可进行网络远程控制。也就是说，中控系统联动的控制锁也能充当操作台门锁，多种设备联动后可以达到一开即用、一关即走的效果，非常方便。

（3）监控点播系统。管理人员能够通过使用监控系统远程对教学动态进行把控，还能通过有关的控制软件让教师同步录制上课视频和计算机屏幕内容，从而真正实现转播和即时点播的功能。

（三）多媒体教室的管理

1. 管理系统建设

多媒体管理系统包括多媒体教室教学管理系统和多媒体教室网络控制管理系统两部分。教学管理应由目前普遍使用的人工安排多媒体教室逐步过渡到网上预约，通过开发适合本校实际的多媒体教学管理系统，采取智能化预约，提高多媒体教学的管理效率。

多媒体教室网络控制管理是指通过该系统可在主控室内控制多媒体教室内的相关设备，实现设定功能，并且能实时与任课教师进行交流，保障教学正常进行。学校应根据教学实际多方论证，选择适合本校的多媒体教学系统。多媒体教室网络控制管理系统的应用将使反映问题和解决问题变得更加快捷。管理上的方便、直接和高效，解决了多媒体教室数量增加后管理复杂、人员紧张的难题。

2. 管理人员建设

学校应以人为本，明确人才队伍建设对多媒体教室管理的作用和地位，在加强多媒体教室硬件建设的同时，应注重和加强管理技术队伍的建设。多媒体教室管理技术队伍是多媒体教室建设的骨干力量，对保障多媒体教学正常进行、教育技术与课程整合发挥着重要作用。因高校各学科教师对多媒体技术掌握程度不一，管理人员的任务不仅仅是建设、管理好多媒体教室，还应根据教师需求承担多媒体技术培训的任务，更好地为教师服务、为教学服务。

学校在人员建设方面应渐渐在管理技术队伍中引进高层次和高学历人

才，从而对队伍原本的知识结构进行改善；同时要在现有技术人员的基础上，较为详细地制订培训计划，提升他们的实践技能和业务水平，以适应技术的发展和多媒体教学的需要；重视和发挥管理技术队伍的作用，用好人才，积极创造条件，调动人员的工作积极性；加强考核，建立人员考核制度，建设一支业务水平高、富有团结协作精神的管理技术队伍，使其为学校教学科研工作作出积极贡献。只有不断优化结构，提高素质，建设高水平的管理技术队伍，才能充分发挥现代信息技术的作用。同时，管理技术人员通过构建多媒体教室，在实践中积累经验，有利于更好地为教学服务。

3. 管理方式建设

（1）自助式管理。自助式管理是指教师在掌握了多媒体技术和设备操作规程之后实行的多媒体设备的自我管理。在每学期的开学初期，学校应根据教室设备的差异让需要使用多媒体教室的教师分开进行技术培训，在培训结束后发放相应的资格证书；在使用后的一段时间内，安排管理人员进行现场跟踪，记录相应教师的操作能力，有针对性地对其再次进行培训，对能独立操作的教师核发独立操作证书，对其采用自助式管理措施。教师在上课前到规定地点领取相关钥匙即可，由教师自行操作设备的开关。自助式管理适用于相对分散、无法或不适合安装管理系统的多媒体教室。该措施的实施能有效缓解管理人员紧张的局面，当然也需要相关职能部门的配套支持。

（2）服务式管理。对于实行网络管理的装有监控系统的多媒体教室实行服务式管理。服务式管理是指教师无须对设备开关进行操作，通过网络管理系统在上课前 5—10 分钟内开启全部多媒体教室教学设备，教师直接使用设备即可。管理人员通过监控系统全程监控设备使用情况，并且在上完课后，检查设备状况并关闭设备和操作台。

管理人员在服务式管理与自助式管理过程中应加强设备管理，加大巡查力度，做好记录，及时了解设备使用状况、投影机灯泡的使用时间，定时还原计算机系统等。这极大地方便了教师的使用，提高了效率，同时体现了管理为教学服务的思想。

多媒体教室的构建与管理是一项系统工程，管理人员应在实践中不断摸索，及时沟通，以教学为本，完善管理机制，最大限度地保障多媒体教学正常进行，促进技术与课程的整合。

参 考 文 献

[1] 曹美玉．以培养应用型人才为目的的高校教育教学研究 [J]. 雪莲，2015 (20)：107.

[2] 陈锴．新时代高校教育教学管理革新及可行性研究 [J]. 河北开放大学学报，2023 (5)：68-71.

[3] 关颖，衣云龙，李波．基于网络的高校教育教学研究项目全面质量管理的构建研究 [J]. 考试周刊，2016 (3)：133-134.

[4] 黄宇．"互联网+"背景下高校信息素养嵌入教育教学研究 [J]. 图书馆学刊，2023，45 (9)：30-32，40.

[5] 蒋冬梅，李效顺．新发展阶段高校本科教育教学管理机制建设 [J]. 教育教学论坛，2023 (20)：172-175.

[6] 金国华．高校教育教学改革与创新探索 [M]. 桂林：漓江出版社，2013.

[7] 李春燕．教育教学管理对策创新设计 [J]. 新教育时代电子杂志 (教师版)，2020 (41)：203.

[8] 卢新吾．当代高校教育教学管理科学研究 [M]. 长春：吉林大学出版社，2010.

[9] 吕村，谭笑风．高校教育管理与教学研究 [M]. 长春：吉林文史出版社，2021.

[10] 马建薇，高壮峰．职业教育教学管理信息化分析 [J]. 现代职业教育，2020 (17)：224-225.

［11］孟猛，宗美娟．应用型本科高校教育教学理论与实践［M］．长春：吉林出版集团股份有限公司，2021.

［12］苗祥文，白小剑．新媒体在高职教育教学管理中的应用研究［J］．太原城市职业技术学院学报，2023（9）：68-70.

［13］钱小莉．基于创新能力培养目标的高校教育教学管理分析［J］．太原城市职业技术学院学报，2023（7）：34-37.

［14］苏燕羽．高校教育教学研究工作的有效管理［J］．成才，2023（1）：9-10.

［15］佟艺峰．人文关怀视域下高校教育教学管理研究［J］．科教导刊，2023（32）：1-3.

［16］王婷婷．高校大学生主体性教育教学研究［M］．北京：九州出版社，2017.

［17］王昕．“双创”背景下高校教育教学改革探索研究［J］．环境教育，2023（12）：57-60.

［18］熊霞丽．关于高校教育教学研究工作的思考［J］．中国航班，2019（12）：194.

［19］尹庆民．应用型高校教育教学创新与实践［M］．北京：知识产权出版社，2010.

［20］于漫．高校教学管理与素质教育研究［M］．北京：中国原子能出版社，2022.

［21］余文伟．人工智能背景下高职院校教育教学管理分析［J］．中国管理信息化，2023（22）：221-223.

［22］张露汀，杨锐，郑寿纬．高校教育教学创新研究［M］．长春：吉林人民出版社，2021.

［23］张燕，安欣，胡均法．现代高校教育管理与教学创新研究［M］．天津：天津科学技术出版社，2023.

［24］郑一超，郭冀民．高校教育教学研究点滴体会［J］．课程教育研

究，2016（7）：9.

［25］周寒，张岩，张均儒．浅析高校思政教育和教学管理工作有效融合［J］．品位·经典，2023（19）：123-125.

［26］周莉鸿．民办高校教育教学管理信息化建设创新研究［J］．四川工商学院学术新视野，2023（1）：93-95.

［27］周艺璇，谭晋钰．高校教育教学研究现状的问题及改进路径探索［J］．中国多媒体与网络教学学报（电子版），2020（34）：83-85.